とじ・はぎなし
BABY CROCHET & KNIT
かんたんかわいいベビーのニット
河合真弓

とじ・はぎなし！"編みあがりができあがり"のネックから編むかんたんニット
衿ぐりから編めば、丈やサイズの調整もとってもやさしい！

はじめに

新しい家族を迎える喜びの中で、

愛情をいっぱい詰め込んだニットを作ってみませんか。

この本では、かぎ針、棒針とも共通の模様を使って、

いろいろなアイテムを作っています。

衿ぐりから編んで、とじ・はぎ、縁編みなどをできるだけ無くし、

編み終わりが完成という作品を目指しました。

模様に慣れて、いろいろな作品にチャレンジしていただけると嬉しいです。

是非、思い出に残る小さな手作りを楽しんで下さい。

河合真弓

contents

▶ Knit Album

0〜6カ月	ねんねとダッコ…4	6〜24カ月	⑮ かぎ針キャップ…56
6〜12カ月	おすわり＆ハイハイ…5	0〜24カ月	⑯ かぎ針おくるみ…58
12〜18カ月	たっちからヨチヨチ…6	6〜18カ月	⑰ 棒針ブーティ…60
18〜24カ月	トコトコあんよ…7	0〜6カ月	⑱ かぎ針3点セット
			（ボンネット、ミトン、シューズ）…64

0〜24カ月	① かぎ針ケープ…18
0〜6カ月	② かぎ針ベビードレス…22
12〜24カ月	③ かぎ針ロングコートとヘアバンド…23
0〜24カ月	④ 棒針ケープ…28
0〜6カ月	⑤ 棒針ベビードレス…32
0〜6カ月	⑥ かぎ針胴着…38
6〜18カ月	⑦ かぎ針ベスト…39
12〜24カ月	⑧ ⑨ かぎ針カーディガン…42,43
0〜12カ月	⑩ 棒針ベスト…46
6〜18カ月	⑪ 棒針カーディガン…47
6〜18カ月	⑫ ポケットつきジャンパースカート＆キャップ…50
12〜24カ月	⑬ ジャンパースカート＆ポンポンつきキャップ…51
6〜24カ月	⑭ ヘアバンド…56

▶ lesson

はじめる前に…8

編んでみよう　かぎ針…10

編んでみよう　棒針…14

編み目記号と編み方…74

HOT LINE ホットライン この本に関するご質問は、お電話またはWebで

書名／とじ・はぎなし かんたんかわいいベビーのニット
本のコード／NV70438
編集担当／鈴木博子
Tel：03-3383-0637（平日 13:00〜17:00受付）
Webサイト「日本ヴォーグ社の本」http://book.nihonvogue.co.jp/
※サイト内"お問い合わせ"からお入りください。（終日受付）
（注）Webでのお問い合わせはパソコン専用となります。

本誌に掲載の作品を、複製して販売（店頭、ネットオークション等）することは禁止されています。手づくりを楽しむためにのみご利用ください。

ケイくん（14カ月・76cm）

ネネちゃん（16カ月・75cm）

ソウスケくん（28カ月・86cm）

ミヤコちゃん（28カ月・83cm）

おすわり＆ハイハイ
[6〜12カ月]

Gajumaru

軽くて暖かいよ

p.47／作り方 p.48

てるてる坊主
じゃないわよ

p.18／作り方 p.19

Sakuno

インナー・くつ：hakka baby(HAKKA)

すっかり
レディです

p.50／作り方 p.52

p.60／作り方 p.61

ぼくら
お揃いブーティだね

トップス・パンツ：Wafflish Waffle

p.60／作り方 p.61

p.46／作り方 p.68

バックスタイルも
かわいい

＼ おしゃれさん ／

p.50／作り方 p.70

5

Knit Album

特別な日のよそ行きニットもいいけれど、すぐに大きくなっちゃうから毎日着てほしい！ 編みやすくて着やすいケープやベスト、カーディガン、ニットの帽子…、"愛情"プラス、思い出がたくさん詰まった手編みニットは、赤ちゃんとママの宝物です。

もうポイってしないでね
p.56／作り方 p.71

ベストが涼しげだね
p.39／作り方 p.40

Kei

たっちからヨチヨチ
[12〜18カ月]

お出かけには帽子だよ
p.51／作り方 p.70

p.50／作り方 p.52

短め袖が動きやすい

p.47／作り方 p.48
スカート：Wafflish Waffle

Nene

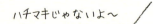

ハチマキじゃないよ〜
p.56／作り方 p.57

ここで遊ぼうね
p.58／作り方 p.66
Tシャツ：hakka baby(HAKKA)

毎日がワクワク！
p.28／作り方 p.29
インナー・スカート：hakka baby(HAKKA)

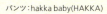

トコトコあんよ
[18〜24カ月]

インナー・くつ下：hakka baby(HAKKA)

パンツ：hakka baby(HAKKA)

とってもよく似合ってるよ

p.51／作り方 p.52

p.43／作り方 p.44

Sosuke

ベビードレスがコートに変身!?

ソウスケくんと色違いのカーディガンだよ

p.56／作り方 p.71

ワンピース：Wafflish Waffle

p.23／作り方 p.24、57

p.18／作り方 p.19

そのケープ長〜く着られるね

Miyako

p.42／作り方 p.44

はじめる前に・・・

● 材料と用具について

編みたいものが決まったら、まずは、編み物に必要な材料と用具の準備をしましょう。使いやすい用具、編みたい糸を探すのもお楽しみのひとつです。

かぎ針〈実物大〉

4/0号
5/0号
6/0号
7/0号

針先がフック状になっていて、糸をかけたり、引き出したりして編み目を作ります。グリップの片側にフックがついた「片かぎ針」、両側に号数の違うフックがついた「両かぎ針」があり、金属製やプラスチック、竹製のものなど、さまざまな種類があるので、手に取って好みのものを選びましょう。

かぎ針の太さは軸の太さを表します。4/0号、5/0号と表記され、数字が大きくなるほど太くなります。

棒針〈実物大〉

4号
5号

棒針には、片側に玉のついたもの、どちらからでも編めるように両サイドがとがったもの、短い棒針がコードでつながったものなど、いくつかの種類があり、編むものや編む部位によって便利に使い分けることができます。

棒針の太さは軸の太さを表します。数字が大きくなるほど太くなります。

棒針の種類

① 玉つき2本針
② 4本 (5本) 針
③ ミニ5本針
④ 輪針

②4本(5本)針
針のどちらからも編め、棒針キャップをすれば目も落ちません。ウエアはもちろん、スカートや帽子を編むときに使います。

③ミニ5本針
小さいものを編むとき、ドレスやカーディガンの袖、赤ちゃんの小ものに最適です。

①玉つき2本針
片側についた玉で編んだ目が針から落ちるのを防ぎます。ケープや前あきの身頃など、往復に編むときに使います。

④輪針
4本(5本)針と同じで、輪に編んだり、往復に編むこともできます。長さは用途に合わせて使い分けます。

必ず用意するもの

はさみ
針先が細くて、よく切れる手芸用のはさみがおすすめ。

とじ針
編み終わりの糸始末、ボタンつけなどに使用。針の大きさは用途に合わせて選びます。

あると便利なもの

目数リング
ヨークの振り分け、輪に編むときの段の境、模様編み位置の目安など、棒針に通して使います。

段数マーカー
段数の目印として使用します。つけはずしが簡単なリングや、目からはずれにくい安全ピンタイプがあります。

棒針キャップ
棒針の先につけて編み目が落ちないようにします。

ほつれどめ
棒針編みで、編み目を休めるときに針から目を移します。ニットピンや、そのまま編める両あきタイプなどがあります。

なわ編み針
棒針編みで交差編みをするときに使います。

● 使用糸〈実物大〉

この本では、初心者にも編みやすくてきれいに仕上げられるように、中細～合太程度（かぎ針4/0号、棒針5号）で編める糸を中心に使用しています。どれもアレンジのしやすいベーシックなストレートヤーンなので、コットンやウールなど、シーズンに合わせて好みの素材で編んであげてください。

※糸に関するお問い合わせは各メーカーまでお願いします（80ページ）

	糸名	品質	仕立て/糸長	針（かぎ針・棒針）
1	DARUMA スーパーウォッシュメリノ	ウール（エクストラファインメリノ・防縮加工）100％	50g玉巻/145m	3/0～4/0号・2～3号
2	パピー ニュー4PLY	ウール100％（防縮加工）	40g玉巻/150m	2/0～4/0号・2～4号
3	パピー ピマベーシック	コットン100％	40g玉巻/135m	5/0～6/0号・3～5号
4	ハマナカ ポーム《彩土染め》	綿（ピュアオーガニックコットン）100％	25g玉巻/70m	5/0号・5～6号
5	DARUMA シェットランドウール	ウール（シェットランドウール）100％	50g玉巻/136m	6/0～7/0号・5～7号
6	DARUMA 空気をまぜて糸にしたウールアルパカ	ウール（メリノ）80％ アルパカ（ロイヤルベビーアルパカ）20％	30g玉巻/100m	6/0～7/0号・5～7号

お手入れの仕方

1 洗い方（目安：5分）
30℃以下のぬるま湯に中性洗剤を溶かし、作品をたたんでつけ込み、やさしく押し洗いします。

2 すすぎ（1分×2回）
新しいぬるま湯で押し洗いと同じ方法で2回すすぎ洗いをする。柔軟剤を使用する場合はその後、3分程つけ置きします。

3 脱水
大きめのバスタオルにくるんで吸水した後、そのまま洗濯機に入れて30秒程脱水します。

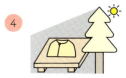

4 干し方
平らに形を整えて室内又は日陰で乾かします。作品の仕上げをする場合と同様に、蒸気のみを当ててスチームアイロンで形を整えます。

編んでみよう

● 糸のかけ方と針の持ち方

左手 甲側から小指と薬指のあいだに糸をはさんで手のひら側に出し、人差し指に糸をかけて親指と中指で糸端をつまんで持ちます。人差し指を立てて糸を張り、針にかける糸がゆるまないようにします。

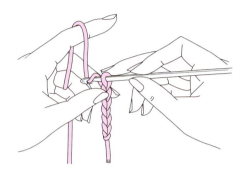

糸玉の中心から糸端を引き出して編み始めます

右手 かぎ針は先のフックが下に向くように持ちます。親指と人さし指で軽く軸を持ち、中指を添えます。中指は針にかかった糸を押さえたり、編み地を支えたり、針の動きを助けたり、適宜動かしながら編みます。

● 鎖編みをする（作り目）

1 糸端を10cmくらい残してかぎ針を糸の向こう側にあて、針先を矢印のように回転させて糸の輪を作ります。

2 輪の交点を押さえながら、糸をかけて輪の中から引き出します。

3 糸を引いて輪をしめます。これが端の目になり、目数には数えません。

4 針に糸をかけ、矢印のように引き出します。

5 鎖1目編めました。編み目は針にかかるループの下にできます。

6 4をくり返して必要目数を編みます。左手の親指と中指で編み目の根元を押さえながら編んでいきます。

● 鎖の作り目と拾い方

作り目の鎖編みから、目を拾う方法です。

鎖編みには表と裏があります。

表側 目がチェーン状に連なります

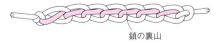

裏側 ポコポコとしたコブが「鎖の裏山」です

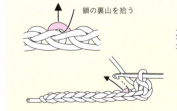

一般的な鎖の拾い方で、鎖の表が残って編み上がりがきれいです。縁編みなしで仕上げる場合はこの拾い方で。

鎖の2本を拾うので、安定感のある拾い方です。透かし模様や細い糸を編むときに用います。

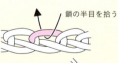

伸びやすく不安定ですが、作り目に伸縮が欲しいときや作り目の両側から目を拾い出すときに用います。

● 記号図の約束　編み地は編み目記号を組み合わせた「記号図」で表されます。記号図は編み地を表側から見た状態で書かれています。記号の編み方は基本的に表も裏も同じで、段の編み始めの立ち上がりの鎖目が右側にある段は表から、左側にある段は裏から編む段になります。記号図の矢印の方向に注意しましょう。

往復に編む

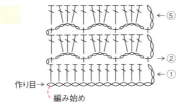

実際に編むとき、いつも右から左に向かって進めるので、往復に編む場合は編み地の表側と裏側を交互に見ながら編むことになります。編み地を表から見ると、1段ごとに編み目の表、裏がくり返されて見えています。この記号図では、長編みの目が表に編まれている面が編み地の表側です。

輪に編む（円）

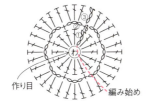

編み地の中心で糸端で作る輪の作り目をして、中心から外側へ増し目をしながら編んでいきます。段の編み始めと終わりをつないでぐるぐると編むので、ずっと表を見ながら編むことになります。帽子のトップやベビーシューズ、ミトンの編み始めがこのような記号図になります。

輪に編む（筒）

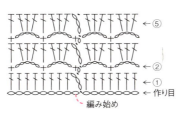

作り目の鎖の編み始めと終わりをつないで、輪にぐるぐると編みます。円タイプと同様に、ずっと表を見ながら編みます。ウエアの袖やヘアバンドを編むときは、このような記号図になります。

● 記号の名称　編み目の各部分の名称です。よく出てくるので覚えておきましょう。

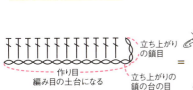
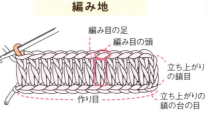
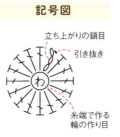
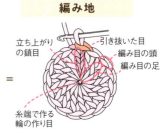

● 編み目の高さと立ち上がり

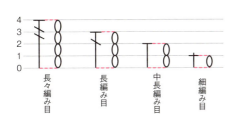

段の編み始めには、編み目の高さ（長さ）にあった目数の鎖を編みます。これを「立ち上がり」といい、段の1目めの編み目の代用となります。細編み以外は立ち上がりの鎖を1目と数えます。

編んでみよう

● 記号図を見ながら試し編みをしよう

ベビードレス、ケープ、ベスト、カーディガン、おくるみ…、右の記号図は掲載のかぎ針作品で使用する共通の**基本の模様**です。まずは試し編みで、ゲージを編みましょう。ゲージは、事前に作品のでき上がりサイズを確認するために欠かせないもの。試し編みをすることで、編み方をしっかりと理解し、きれいに仕上げるための手慣らしにもなります。

用意するもの
糸 作品の編み糸（DARUMA スーパーウォッシュメリノ）
針 糸の適正針（かぎ針4/0号）
その他 アイロン、定規

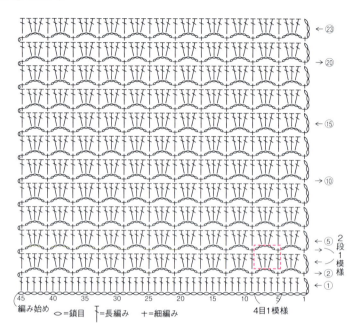

記号図の見方

段のこと
記号図の右端に書かれた丸囲みの数字は段数を、矢印は編み方向を示しています。点線で囲われた「2段1模様」は、編み模様がこの2段のくり返しであるということを表します。

目のこと
点線で囲われた「4目1模様」は、編み模様がこの4目のくり返しであるということを表します。4目×11模様に、端の目を1目プラスして、45目作り目をします。

● 1段め

1 立ち上がりの鎖3目を編み、針先に糸をかけてから鎖の裏山に針を入れます。

2 針に糸をかけ、鎖2目分の高さに引き出します。

3 「針先に糸をかけ、針にかかる2ループを引き抜く」を2回くり返します。

4 長編みが1目編めました。針に糸をかけ、1〜3をくり返して端まで編みます。

● 2段め

5 立ち上がりの鎖を1目編み、編み地を矢印のように回します。このとき針はそのまま動かしません。

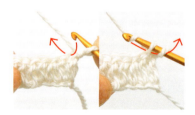

6 1段めの最後の長編みの頭に針を入れて糸を引き出し、針先に糸をかけて針にかかる2ループを引き抜きます。

7 細編みが1目編めました。続けて鎖5目編み、3目とばして4目めに針を入れます。

8 細編みを1目編みます。細編みと鎖の組み合わせは**ネット編み**と呼ばれます。

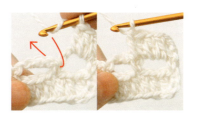

● 3段め

9 編み終わりは、前段の立ち上がりの鎖（裏向き）の3目め、裏山と鎖の外側半目の2本を拾います。

10 1段めの立ち上がりの鎖は裏向きです。2段めが編めました。

11 立ち上がりの鎖を編み、編み地を返します。前段のネットの空間に針を入れて長編みを3目編みます。

12 前段の鎖をそっくりくるんで拾うことを**束（そく）に拾う**といいます。次の目は前段の細編みの頭に針を入れて編みます。

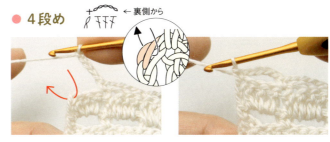

● 4段め

13 3段めの編み終わりは、前段の細編みの頭に針を入れて編みます。

14 細編みの立ち上がりの鎖目を拾わないように注意します。3段めが編めました。

15 2段めと同様に編みます。編み終わりは、前段の立ち上がりの鎖（表向き）の外側半目と裏山の2本を拾います。

16 4段めが編めました。3段め以降、長編みの立ち上がりの鎖は表向きです。3・4段めをくり返して編みます。

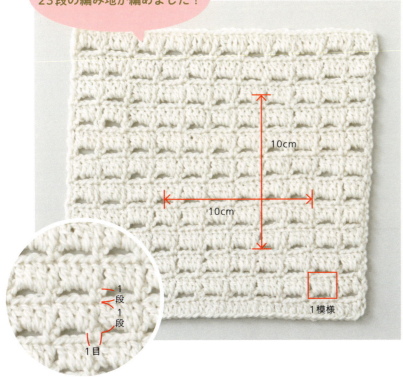

作り目45目（11模様）×23段の編み地が編めました！

● ゲージについて

ゲージは編み目の大きさを表していて、編みたいサイズに仕上げるための目安になります。

ゲージを測る

作品を編む前に、15cm平方ほどの大きさの試し編み地を作成します。スチームアイロンを浮かせて軽くかけ、編み目を整えます。編み目の安定している中央部分で10cm平方の目数・段数を数えます。

ゲージを調整する

本の作品のゲージと比べて目数・段数が…

多かった 編み目がきついので、できあがりが小さくなる
→少しゆるめに編むか、太い針にかえて調整

少なかった 編み目がゆいので、できあがりが大きくなる
→少しきつめに編むか、細い針にかえて調整

ゲージ調整
針の太さをかえて目の大きさを調整することを「ゲージ調整」といいます。同じ目数も針の号数をかえることで、編み地の大きさがかわります。この方法でケープやベビードレスの裾をやさしく広げています。

編んでみよう

● 糸のかけ方と針の持ち方

左手

甲側から小指と薬指のあいだに糸をはさんで手のひら側に出し、人差し指に糸をかけます。人差し指を立てて糸を張り、針にかける糸がゆるまないようにします。

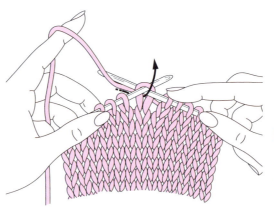

糸玉の中心から糸端を引き出して編み始めます

右手

棒針編みは基本的に、右針の先に糸をかけたり引き出したりと動かして、編んでいきます。右手全体で針と編み地を軽くにぎり、人さし指で針にかかった目を押さえたり、針の動きを助けたり、適宜動かしながら編みます。

● 指でかける作り目をする

編む幅の約3倍

1　糸端は編む幅の約3倍をとります。輪の中から糸を引き出し、棒針を2本入れます。

2　右の人差し指でループを押さえて糸端を引きます。

糸玉側

3　針にかかるループが1目めです。糸玉側の糸を人さし指にかけます。

糸端

4　糸端側の糸を親指にかけ、親指の糸に矢印のように針をかけます。

5　人さし指の糸に針をかけ、親指にかかる糸の間をくぐらすように動かします。

6　親指にかかる糸を指からはずします。

7　はずした親指で糸を引きしめます。2目めが編めました。

8　4〜7をくり返して必要目数を編みます。棒針を1本抜きます。

9　指でかける作り目ができました。針にかかる目が1段めです。

● **記号図の約束**

表目だけの記号図と編み地です。表から編む段（奇数段）は表編み、裏から編む段（偶数段）は裏編みで、1段ごとに交互に編んでいきます。

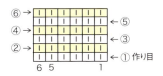

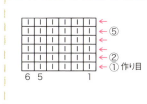

輪（筒）に編むときは...

編み始めと終わりを続けて、輪にぐるぐると表を見ながら編みます。身頃の袖やジャンパースカートのスカート、帽子など、輪に編むときはこのような表記になります。

→ **2段め（偶数段）** ― 裏目を編む

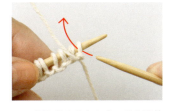

1 編み地を持ちかえ、糸を手前にして矢印のように針を入れます。

2 糸をかけます。

3 かけた糸を引き出します。

4 左針を引きます。裏目が1目編めました。

→ **3段め（奇数段）** I 表目を編む

5 編み地を持ちかえ、糸を向こう側にして矢印のように針を入れます。

6 糸をかけます。

7 かけた糸を引き出します。

8 左針を抜きます。表目が1目編めました。

● **編み目の形状と名称**

表目と裏目の1目・1段の編み目の形状を確認しましょう。下のイラストは棒針に正しく編み目がかかった状態（ループの右半分が手前になってかかる）です。針に正しく編み目がかかっていないままで編むと、目がねじれて編まれてしまいます。

1目・1段の編み目が横にいくつあるかが目数、縦にいくつあるかが段数です。針にかかっている目も1段と数えます。

表目（メリヤス編み）　　**裏目（裏メリヤス編み）**

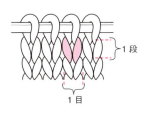
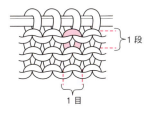
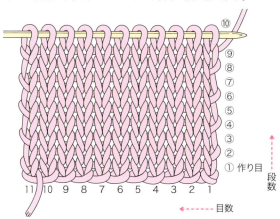

15

編んでみよう

● 記号図を見ながら試し編みをしよう

ベビードレス、ケープ、カーディガン、ジャンパースカートのヨーク…、右の記号図は掲載の棒針作品で使用する共通の**基本の模様**です。まずは試し編みで、ゲージを編みましょう。ゲージは、事前に作品のできあがりサイズを確認するために欠かせないもの。試し編みをすることで、編み方をしっかりと理解し、きれいに仕上げるための手慣らしにもなります。

用意するもの

- 糸　作品の編み糸（ハマナカ ポーム《彩土染め》）
- 針　糸の適正針（棒針5号）
- その他　アイロン、定規

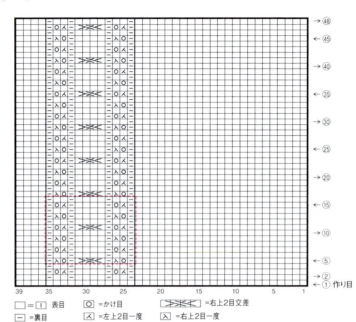

□＝｜＝表目　　○＝かけ目　　＝右上2目交差
－＝裏目　　人＝左上2目一度　　入＝右上2目一度

記号図の見方

欄外にあるとおり、図では表目が省略されて白い四角で表されています。

段のこと
記号図の右端に書かれた丸囲みの数字は段数を、矢印は編み方向を示しています。

目のこと
作り目の下に目数が記されています。メリヤス編みと模様編みのゲージがとれるように、模様編みを片側寄せにして編みます。

1模様のこと
記号図の点線で囲まれた部分が、模様編みの1模様です。この12段の中に「かけ目と2目一度」4段のセットが3回、「2目交差」6段のセットが2回くり返されています。

● **3段め**　　人 左上2目一度　　　　　　　　　　　　　　　　　　　　　　　　　○ かけ目

1　2目に矢印のように右針を入れます。

2　針に糸をかけて引き出し、表目を編みます。

3　左側の目が上に重なって2目一度が編めました。ここで目が1目減ります。

4　右針に手前から向こう側に糸をかけます。目と目の間に1目でき、1目増えました。

● **4段め**

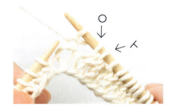   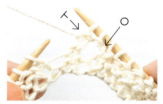

5　次の目を編むとかけ目が安定します。左上2目一度とかけ目が編めました。

6　編み地の裏側です。4のかけ目を裏目で編みます。

7　かけ目は穴があいた編み目になります。

8　3で編んだ2目一度も裏目で編みます。

● **5段め** ⋌ 右上2目一度

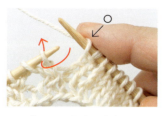

9 先にかけ目をします。1目めに矢印のように針を入れ、編まずに右針に移します。

10 2目めを表目に編みます。

11 9で右針に移しておいた目を10で編んだ目にかぶせます。

12 右上2目一度が編めました。ここで、かけ目で増えた1目が減ります。

右上2目交差

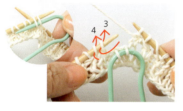

13 1・2の目をなわ編み針に移して編み地の手前に休めます。矢印のように3・4を順に編みます。

14 なわ編み針に休めた目を1・2の順に編みます。

15 右上2目交差が編めました。

16 少しずつ模様が現れてきました。かけ目と2目一度は必ずセットで編みます。

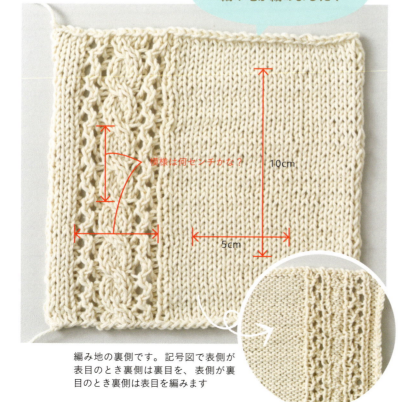

作り目39目×48段の編み地が編めました！

編み地の裏側です。記号図で表側が表目のとき裏側は裏目を、表側が裏目のとき裏側は表目を編みます

● **ゲージについて**

ゲージは編み目の大きさを表していて、編みたいサイズに仕上げるための目安になります。

ゲージを測る

作品を編む前に、15cm平方ほどの大きさの試し編み地を作成します。スチームアイロンを浮かせて軽くかけ、編み目を整えます。メリヤス部分は10cmの段数、5cmの目数を数えます。模様部分は模様の幅と1模様が縦に何cmかを測ります。

ゲージを調整する

本の作品のゲージと比べて目数・段数が…

多かった 編み目がきついので、できあがりが小さくなる
→少しゆるめに編むか、太い針にかえて調整

少なかった 編み目がゆるいので、できあがりが大きくなる
→少しきつめに編むか、細い針にかえて調整

ゲージ調整

針の太さをかえて目の大きさを調整することを「ゲージ調整」といいます。同じ目数も針の号数をかえることで、編み地の大きさがかわります。

Baby Crochet & Knit | Cape

01 かぎ針ケープ

使用糸　DARUMA スーパーウォッシュメリノ
How to make　p.19

size
0〜6カ月
6〜12カ月
12〜18カ月
18〜24カ月

基本の編み地は、まずケープでマスター！ 11段めまでは増し目があるので、しっかり記号図を確認しながら編み進めましょう。裾側は針の号数をかえて、やさしく寸法を調整しています。打ちあわせを多くとっているので、ボタン位置をかえれば、ずっと大きくなってからも使えます。この本では0〜24カ月まで同じボタン位置で着用しています。

01 かぎ針ケープ
→ p.18

用意するもの

- 糸　DARUMA スーパーウォッシュメリノ　オフホワイト（1）120g＝3玉
- 針　かぎ針4/0、5/0、6/0号
- その他　直径1.8cm、直径1.5cmのボタン　各1個
- できあがりサイズ　着丈24.5cm
- ゲージ　10cm平方で模様編み22目×13.5段（基本の模様 4/0号）

編み方のポイント

1. ケープの衿ぐりで作り目をする。
2. 分散増し目をしながらケープを11段まで編む。
3. ゲージ調整で裾まで編む。
4. 衿にボタンをつける。

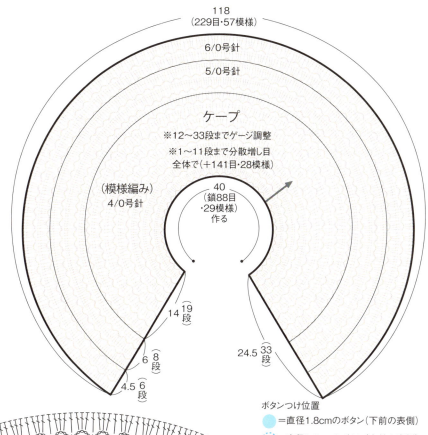

ケープ：分散増し目の記号図

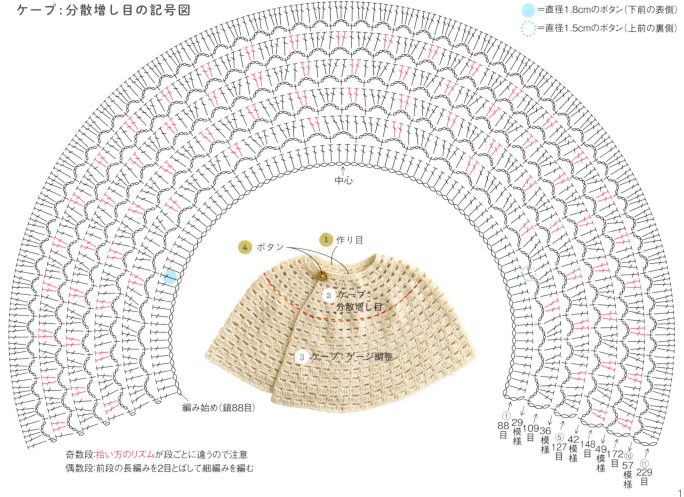

01 かぎ針ケープを編みましょう

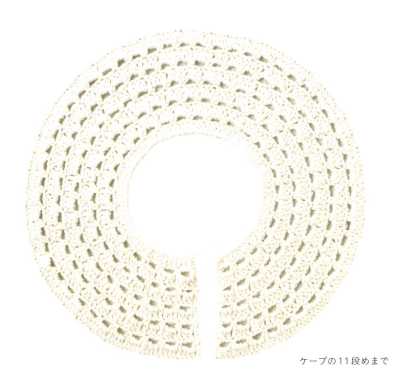

1　作り目をする → p.10参照
鎖88目を編み、作り目にします。

2　ケープを11段まで編む
記号図（→p.19）を参照して、分散増し目をしながらケープを編みます。奇数段は編み地の表から、偶数段は編み地の裏から編みます。

奇数段　毎段拾い方のリズムが違うので、記号図を確認しながら編みましょう。
偶数段　前段の長編みを2目とばして編んでいきます。

ケープの11段めまで

● 新しく糸をつける

編んでいる途中で糸がなくなったら、編み目の最後の引き抜きをするときに新しい糸をつけます。糸端は編みながらくるんでしまっても、編み終わってから始末をしてもよいです。

※分かりやすいように糸の色をかえています

編み地の端で…

表側：針先に今まで編んでいた糸を手前から向こうへかけ、新しい糸で引き抜きます。

裏側：針先に今まで編んでいた糸を向こうから手前へかけ、新しい糸で引き抜きます。

編み地の途中で…

1 針先に今まで編んでいた糸を手前から向こうへかけ（裏側で足すときは向こうから手前）、新しい糸で引き抜きます。

2 新しい糸がつきました。新しい糸と編んでいた糸の糸端を前段の編み目に沿わせ、一緒に針を入れます。

3 糸端を編みくるみます。

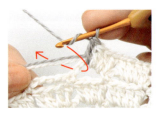

4 数目続けて編みくるみ、今まで編んでいた糸と新しい糸の糸端をカットします。

← 33段

↑ ここから6/0号

→ 28段
← 27段

↑ ここから5/0号

→ 20段
ここまで4/0号 ← 19段

ここまで増し目
← 11段

← 1段
↲ 作り目

3 ケープ：ゲージ調整で裾まで編む → p.13参照

模様は同じまま、針の号数をかえていくことで、ゲージの大きさをかえます。

12〜19段　4/0号：5模様（20目）で約9cm
20〜27段　5/0号：5模様（20目）で約9.5cm
28〜33段　6/0号：5模様（20目）で約10cm

ケープ：ゲージ調整

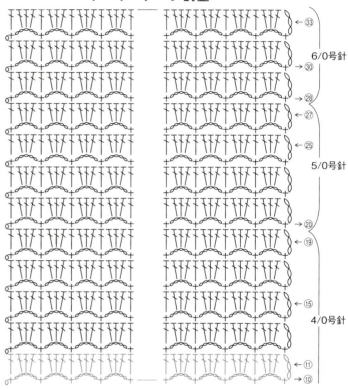

● 糸始末をする

※分かりやすいように糸の色をかえています

1 糸端をとじ針に通して編み地の表側にひびかないよう、編み目にくぐらせます。

2 さらに向きをかえ、数目外して針を戻します。糸端はギリギリでカットします。

4 衿にボタンをつける

ボタンのつけ位置はp.19を参照します。
ボタンホールは模様の空間を利用します。

● ボタンのつけ方
※本では作品の編み糸を使ってボタンつけをしています

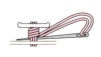

1 糸を2本どりにして糸端を結び、ボタンの裏から針を入れ、糸の輪の中を通します。

2 編み地の厚さに足の長さを合わせて針を入れ、根元に数回糸を巻きます。

3 足の中に針を通して固定します。

4 針を編み地の裏に出し、玉どめをしてから糸端の始末をします。

21

Baby Crochet & Knit | Baby Dress

02 かぎ針ベビードレス

使用糸　DARUMA スーパーウォッシュメリノ
How to make　p.24

size
0〜6カ月

18ページのケープと同じ編み模様ですが、衿のリボンと裾や袖口のスカラップ模様で、ほんの少しかわいらしさをプラスしました。ダブルの打ちあわせと、模様の編み目を利用して通したリボンで、身幅の調整が自由にできます。赤ちゃんが多少動いても大丈夫なように、着丈、袖丈を長めに編んで手足をしっかりカバーします。

Baby Crochet & Knit | Long Coat & Headband

03 かぎ針ロングコートとヘアバンド

使用糸　DARUMA スーパーウォッシュメリノ
How to make　ロングコート　p.24／
　　　　　　　ヘアバンド　p.57

赤ちゃんがしっかり歩けるようになったら、ベビードレスをお好みの着丈や袖丈までほどいてロングコートに変身！ リボン結びをボタンどめにして、子供らしさを出してみました。ボタンの位置はお子さんのサイズに合わせて決めます。ほどいた糸でヘアバンドを編むのもおすすめ。せっかく編んだベビードレスですから、何年も着てくれたら嬉しいですね。

size

12〜18カ月

18〜24カ月

02 かぎ針ベビードレス
→ p.22

03 かぎ針ロングコート
→ p.23

用意するもの
- 糸 DARUMA スーパーウォッシュメリノ オフホワイト（1） 02 280g＝6玉／03 240g＝5玉
- 針 かぎ針 4/0、5/0、6/0、7/0号
- その他 02 直径1.5cmのボタン1個、リボン49cm。03 直径1.3cmのボタン1個、直径1.8cmのボタン4個。

できあがりサイズ
- 02 胸囲64cm、着丈53cm、ゆき丈35cm
- 03 胸囲64cm、着丈45cm、ゆき丈34cm
- ゲージ 10cm平方で模様編み 22目×13.5段（基本の模様 4/0号）

編み方のポイント
1. 衿ぐりで作り目をする。
2. 増し目をしながらヨークを11段編み、さらに増減なく4段編む。
3. ヨークを身頃と袖に分け、前後身頃の間にまちを作る。
4. 前後身頃を続けて、ゲージ調整で裾まで編む。
5. 袖を編む。
6. 02は衿にボタンとリボンを、03は前端にボタンをつける。

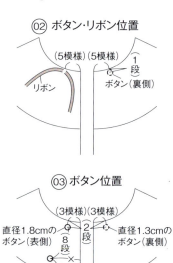
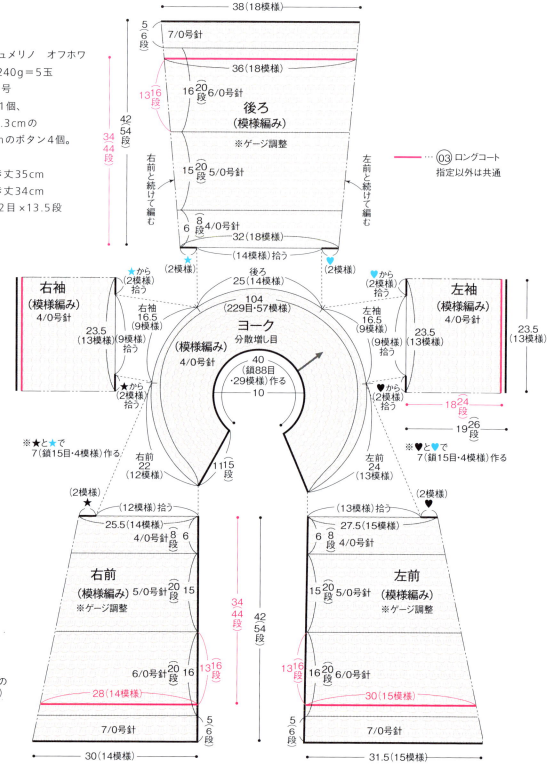

02 かぎ針ベビードレスを編みましょう

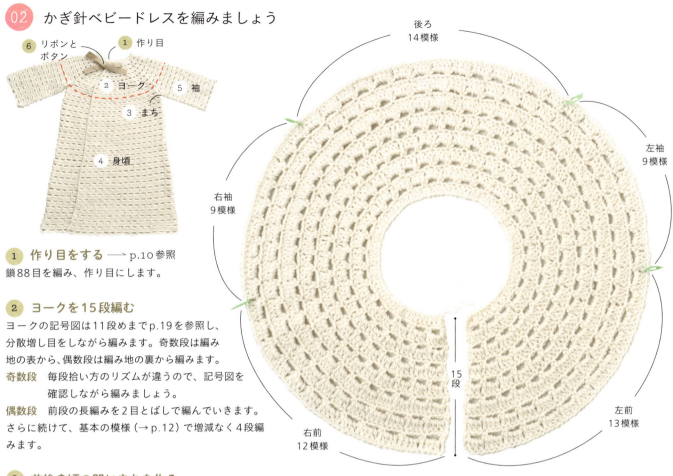

後ろ 14模様
左袖 9模様
左前 13模様
15段
右前 12模様
右袖 9模様

ヨークが15段編めました

1 作り目をする → p.10参照
鎖88目を編み、作り目にします。

2 ヨークを15段編む
ヨークの記号図は11段めまでp.19を参照し、分散増し目をしながら編みます。奇数段は編み地の表から、偶数段は編み地の裏から編みます。

奇数段 毎段拾い方のリズムが違うので、記号図を確認しながら編みましょう。

偶数段 前段の長編みを2目とばしで編んでいきます。さらに続けて、基本の模様(→p.12)で増減なく4段編みます。

3 前後身頃の間にまちを作る
編んでいた糸を一旦休め、ヨークを身頃と袖に分けて前後身頃の間にまちを作ります。

● まちの鎖を編みつける　※分かりやすいように糸の色をかえています

1 身頃と袖ヨークの境に針を入れ、新しい糸を引き出します。

2 糸がつきました。まちの鎖を15目編みます。

3 袖ヨークの9模様をとばして引き抜きます。

4 まちの鎖がつきました。

6 糸を切り、糸端を引き抜きます。

7 糸端を引きしめて、目をとめます。

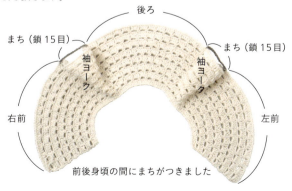

後ろ
まち(鎖15目)
袖ヨーク
右前　左前
前後身頃の間にまちがつきました

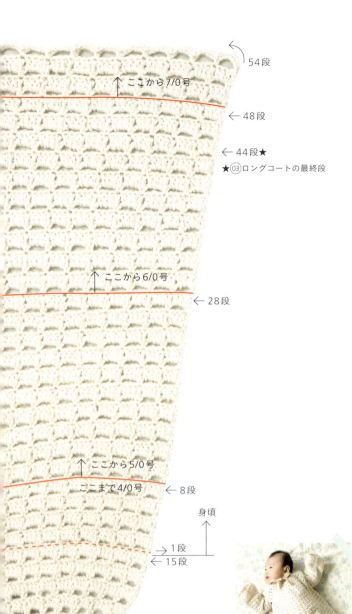

4 前後身頃を編む

休めていたヨークの糸で身頃を編みます。身頃は基本の模様（→p.12）で、針の号数をかえながらゲージ調整で編みます。

● まちから目を拾う

1 身頃の1段めです。前端で休めていた糸で右前を編み、続けてまちの鎖の裏山（→p.10参照）に針を入れます。

2 まちの鎖目から4模様拾いました。続けて後ろを編みます。

身頃の模様が1段編めました。模様の記号図はp.21のケープ：ゲージ調整を参照します。

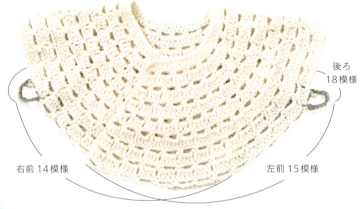

● ゲージ調整で裾まで編む　→ p.13参照

模様は同じまま、針の号数をかえていくことで、ゲージの大きさをかえます。

1〜8段　　4/0号：5模様（20目）で約9cm
9〜28段　 5/0号：5模様（20目）で約9.5cm
29〜48段　6/0号：5模様（20目）で約10cm　★03ロングコートは44段まで
49〜54段　7/0号：5模様（20目）で約10.5cm

● 02 ベビードレスの最終段（54段め）

※分かりやすいように糸の色をかえています

1 身頃の53段めが編めました。鎖を1目編み、編み地を返します。

2 細編みの頭に引き抜き編みをし、続けて前段の鎖編みの空間に針を入れます。

3 細編み5目を束に拾って編みます。細編みの頭に針を入れて引き抜き編みをします。

4 2、3をくり返して編んでいきます。

脇（＝袖下）

5 袖を編む

袖はまちの鎖目と袖ヨークから目を拾い、編み地の表を見ながら輪に編みます。

● まちの鎖目と袖ヨークから目を拾う

※分かりやすいように糸の色をかえています

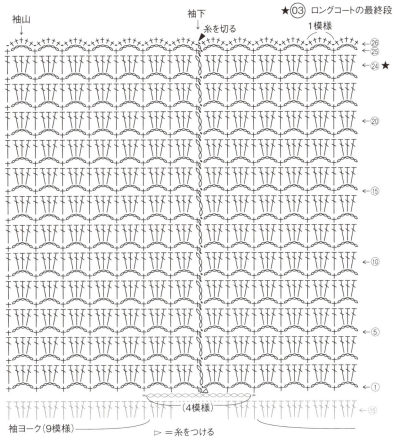

袖の記号図

袖山　袖下　★03 ロングコートの最終段
　　　↓糸を切る　1模様
←26
←25
←24 ★
←20
←15
←10
←5
←1
←15
（4模様）
袖ヨーク（9模様）　▷＝糸をつける

1 脇に糸をつけます。まちの鎖目は、身頃を拾った残りの2本を拾います。

2 立ち上がりの鎖を1目編み、細編みを編みます。

3 まちから2模様編みます。続けて袖ヨークから目を拾っていきます。

4 編み始めの細編みに引き抜き、袖の模様が1段編めました。

5 2段目も編み地の表側から編んでいきます。

6 2段目が編めました。編み始めの鎖の3目めに引き抜きます。

7 基本の模様を増減なく、ぐるぐると輪に編んでいきます。

6 02 衿にボタンとリボンをつける

（03前端にボタンをつける→p.24参照）

ボタンをつけ（→p.21参照）、リボンは編み目に通します。リボンを結ぶ位置もボタンホールも模様の空間を利用します。

Baby Crochet & Knit | Cape

04　棒針ケープ

使用糸　ハマナカ ポーム《彩土染め》
How to make　p.29

size
0〜6カ月
6〜12カ月
12〜18カ月
18〜24カ月

1目ゴム編み、メリヤス編み、なわ編み、レース模様と、小さなケープの中に、棒針の基本技法が詰め込まれています。ここでしっかり、模様の編み方を身につけられれば、他のどんなアイテムにも気軽にトライできますよ。オーガニックコットンの糸を使用しているので、夏の冷房対策から春秋の肌寒い季節まで、1年中を通して使用できます。

04 棒針ケープ
→ p.28

用意するもの

- 糸　ハマナカ ポーム《彩土染め》 グレー（45）
　　105g＝5玉
- 針　棒針5、4号 玉つき2本針（又は4本針、輪針）
- その他　直径1.5cmのボタン2個
- できあがりサイズ　着丈23.5cm
- ゲージ　10cm平方で模様編み26.5目×28段

編み方のポイント

1. ケープの衿で作り目をする。
2. 衿は1目ゴム編みで8段編む。
3. 本体を編む。
4. 下前にボタンをつけ、上前にボタンホール（無理穴）を作る。

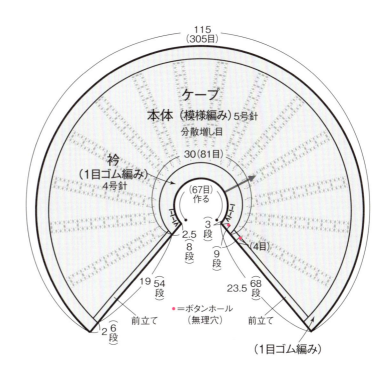

04 棒針ケープを編みましょう

1 作り目をする
4号針で指でかける作り目（→p.14参照）をし、67目作ります。針にかかる目が衿の1段めになります。

2 衿を編む
衿は1目ゴム編みです。4号針で8段編みます。

● 2段め（編み地の裏から編む段）

1　編み始めの端目はすべり目です。矢印のように針を入れ、編まずに目を移します。

2　裏目、表目の順に編みます。「裏目1・表目1」をくり返します。

● 3段め（編み地の表から編む段）

3　編み始めの端目はすべり目です。記号図の通り「表目1・裏目1」をくり返して編みます。

3 本体を編む

針を5号針にかえます。記号図を参照し、模様と模様の間でかけ目（→p.16参照）で目を増しながら編んでいきます。かけ目で増した目は次の段でねじって編みますが、ねじり目の操作は編み地の裏側で行います。また、**模様のかけ目**と**増し目のかけ目**があるので、混同しないように注意しましょう。

● かけ目とねじり目の増し目

→2段め

1 模様編みの2段めです。前段のかけ目に矢印のように針を入れて裏目を編みます。

2 裏目のねじり目が編めました。編み地の表側は表目のねじり目になっています。

→4段め

1 模様編みの4段めです。前段のかけ目に矢印のように針を入れて表目を編みます。

2 表目のねじり目が編めました。編み地の表側は裏目のねじり目になっています。

ケープの記号図

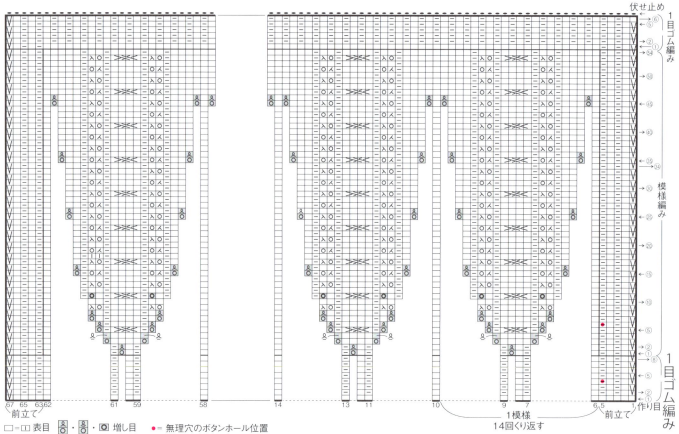

● 編み終わりは前段の編み目に合わせて伏せ止め

1 端の2目を表目で編みます。

2 先に編んだ目に針を入れ、2目めにかぶせます。1目めが伏せられました。

3 前段の目に合わせ、次の目を裏目で編みます。先に編んだ目をかぶせます。

4 「表目を1目編んでかぶせる、裏目を1目編んでかぶせる」を最後までくり返します。

4 下前にボタンをつけ、上前にボタンホールを作る
ボタンのつけ方→p.21参照

● 無理穴のボタンホール　※分かりやすいように糸の色をかえています

point動画配信
http://www.tezukuritown.com/book/70438/

1 ボタンホールをあけたい位置に指をあて、とじ針で穴を広げておきます。

2 とじ針に編み糸をつけ、裏側から針を編み目にくぐらせて糸をつけます。

3 ボタンホールをあける位置に針を出し、目と目の間の渡り糸2本をすくいます。

4 針を3の矢印のようにかけて、糸を下へ引きしめます。

5 編み目に針をくぐらせて、糸を移動させます。

6 渡り糸2本をすくって針に糸輪をかけ、糸を上へ引きしめます。

7 5と逆サイドの編み目に針をくぐらせ、糸を移動させます。

8 無理穴のボタンホールができました。編み地の裏側で糸始末をします。

● 糸始末をする　※分かりやすいように糸の色をかえています

1 糸端をとじ針に通して編み地の表側にひびかないよう、3〜4cm編み目にくぐらせます。

2 さらに向きをかえて1〜2cm針を戻します。

3 余分な糸端はギリギリでカットします。

Baby Crochet & Knit | Baby Dress

05 棒針ベビードレス

使用糸　ハマナカ ポーム《彩土染め》
How to make　p.33

size　0〜6カ月

ドレスのヨークは28ページのケープの34段めまでと同じです。ヨークから裾まで身頃を長く編み進め、袖をつけます。愛らしい雰囲気の小さな衿は、編み始めの1目ゴム編みを長く編んだだけ。前立てには、赤ちゃんに優しいテープ状のスナップを縫いつけます。かぎ針作品に比べて1目・1段が小さいため、初心者にはハードル高めですが、ひと目ひと目を楽しみながら仕上げていってください。

05 棒針ベビードレス
→ p.32

用意するもの

- 糸 ハマナカ ポーム《彩土染め》 生成り（41） 260g＝11玉
- 針 棒針5、4号 玉つき2本針、5号 4本針（又は5号針、輪針）
- その他 テープスナップ54cm
- できあがりサイズ 胸囲58cm、着丈54cm、ゆき丈33.5cm
- ゲージ 10cm平方で模様編み26.5目×28段

編み方のポイント

1. 5号針で作り目をする。
2. 衿は1目ゴム編みで14段編む。
3. ヨークを編む。
4. ヨークを身頃と袖に分け、前後身頃の間に巻き目でまちを作る。
5. 前後身頃を続けて裾まで編む。
6. 袖を編む。
7. 前立てにテープスナップをつける。

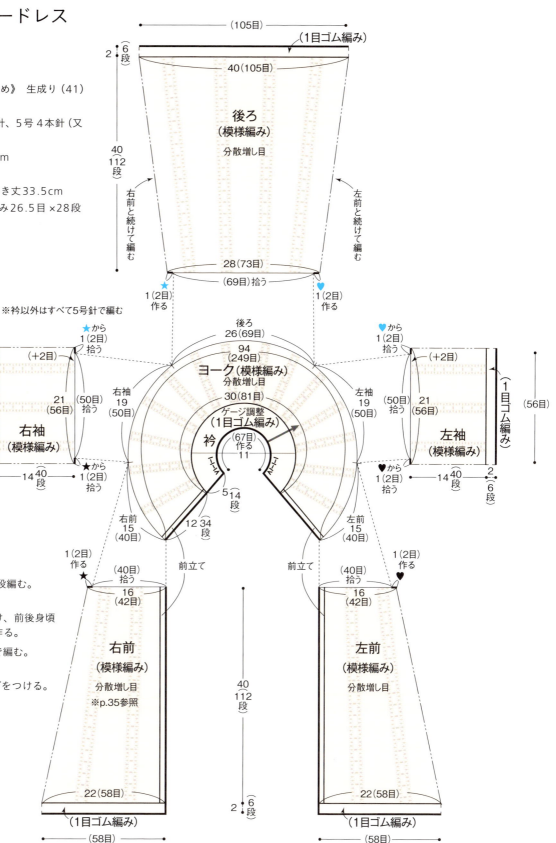

05 棒針ベビードレスを編みましょう

1 作り目をする
5号針で指でかける作り目（→p.14参照）をし、67目作ります。針にかかる目が衿の1段めになります。

2 衿を編む
衿は1目ゴム編みです。5号針で10段編み、続けて4号針で4段編みます。端の目はすべり目にします（→p.29参照）。

3 ヨークを編む
針を5号針にかえます。ヨークはかけ目とねじり目の増し目（→p.30参照）をし、34段まで編みます。

ヨークが編めました

ヨークの記号図

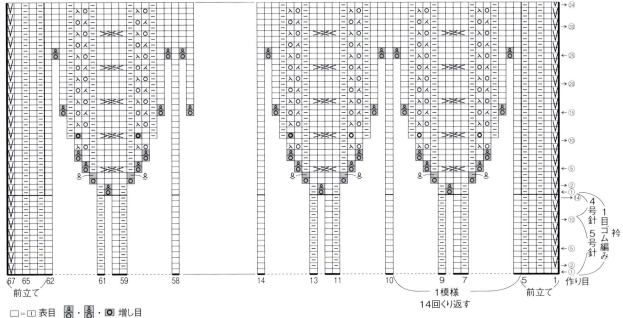

□ = □ 表目　　増し目

4 前後身頃の間にまちを作る

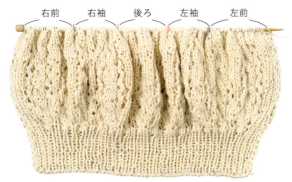

ヨークを身頃と袖に分けて目数リングを入れます

1 まず、ヨークから続けて糸のある左前を編みます。

2 左袖のヨークを別針（又は別糸、ほつれどめ）に移します。

3 矢印のように糸をかけて糸端を引きしめます。

4 巻き目が1目できました。

5 まちを巻き目で4目作ります。

6 続けて後ろを編みます。

5 前後身頃を編む

身頃の1段めは、編みながら左右の袖ヨークを別針に移してまちを作ります。模様と模様の間で、かけ目とねじり目の増し目をして112段まで編みます。裾は1目ゴム編みです。編み終わりは前段の編み目に合わせて伏せ止め（p.31参照）にします。

身頃の記号図はp.72

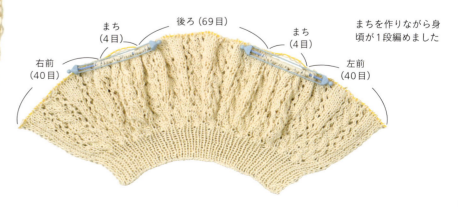

まちを作りながら身頃が1段編めました

袖の記号図

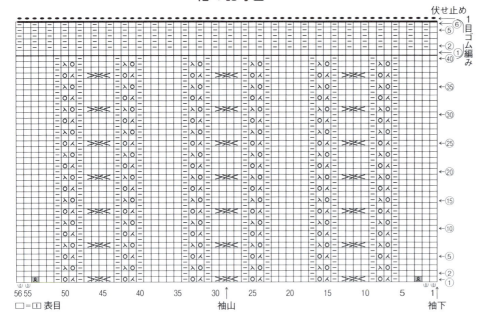

□=□ 表目　袖山　袖下

6 袖を編む

まちと別針に移した袖ヨークから目を拾って、袖を増減なく編みます。袖は輪にぐるぐると編むので、4本(5本)針を使用します。袖口は1目ゴム編みです。編み終わりは前段の編み目に合わせて伏せ止めにします(→p.31参照)。

別針にあるのが袖ヨークです。●はまちからの拾い目位置

● 袖の拾い目　※分かりやすいように糸の色をかえています

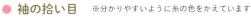

point動画配信
http://www.tezukuritown.com/book/70438/

1 脇のまちに針を入れて糸を引き出します。

2 まちに糸がつきました。巻き目の目が小さくなっているので、よく見て針を入れます。

3 まちとヨークの境は、まちと身頃の渡り糸と袖と身頃ヨークの渡り糸をねじるように引き上げて針を入れます。

4 3の目を2目一度に編んでまちとヨークの境に穴があかないようにします。3目めが編めました。

5 続けて別針に移しておいたヨークの目を編んでいきます。

6 ヨークの模様の続きを編んでいきます。

7 ヨークの目が編めました。まちとヨークの境に穴があかないよう3、4のように渡り糸をねじって2目一度に編みます。

8 まちの2目を拾って、袖が1段輪に編めました。左ページの記号図を参照して編んでいきます。

● 輪編みの編み終わり方　※分かりやすいように糸の色をかえています

1 伏せ止めをし、最後の目を針からはずして糸を切ります。ループを引いて糸端を引き抜きます。

2 糸端をとじ針に通して、編み始めの2目めに針を入れます。

3 最後の目に針を戻して入れます。

4 糸端を引きます。編み終わりと始めの編み目がつながりました。糸端は編み地の裏側で始末します（→p.31参照）。

⑥ 前立てにテープスナップをつける

ボタンやファスナーのかわりに、薄くて肌へのあたりがやさしいテープ状のスナップをつけました。前立ての長さに合わせ、スナップとスナップの間をカットし、テープの端を1cm程折り込んで縫いつけます。
もちろん縫い物が苦手という方は、ボタンどめにしてもいいですね。

※分かりやすいように糸の色をかえています

1 下前立てに凸スナップのテープをまち針でとめます。

2 編み地の1目内側に針を入れ、表側にひびかないようにまつりつけます。

3 先につけた凸スナップに凹スナップをとめます。とめたまま上前にまち針でとめていきます。

4 スナップをとめたまま、テープスナップを上前の裏にまつりつけます。

Baby Crochet & Knit | Vest

06 かぎ針胴着

使用糸　パピー ニュー4PLY
How to make　p.40

size
0〜6カ月

胴着は体温調節が未熟な赤ちゃんにぴったり、日々重宝するアイテムです。身頃の打ちあわせを深めに、丈も長くして、赤ちゃんが少々動いてもはだけず、しっかり包んでくれるサイズにしました。もちろん着丈を短くしたり、打ちあわせをかえれば長く着ることができます。プレゼントにも喜ばれると思います。色違いや丈違いで、たくさん作ってください。

Baby Crochet & Knit | Vest

07 かぎ針ベスト

使用糸　パピー ピマベーシック
How to make　p.40

2つの大きなボタンがアクセント。コットン糸なので、夏のフレンチスリーブのブラウスとして着てもかわいいです。肌寒い時期には、手軽に1枚重ねて暖をとることもできる、四季を通じて活躍してくれるアイテムです。左ページの胴着と同じ編み図の丈違いですが、糸の太さで少しだけ寸法の差を出しています。

size
6〜12カ月
12〜18カ月

06 かぎ針胴着
→ p.38

07 かぎ針ベスト
→ p.39

用意するもの
- **糸** ⑥パピーニュー4PLY ブルー(405)135g＝4玉／
  ⑦パピー ピマベーシック グレー(604)110g＝3玉
- **針** かぎ針4/0号
- **その他** ⑦直径2cmのボタン2個、直径1.8cmのボタン1個

できあがりサイズ
- ⑥胸囲58cm、着丈34cm、ゆき丈15.5cm
- ⑦胸囲62cm、着丈27.5cm、ゆき丈17cm
- **ゲージ** 10cm平方で模様編み⑥25目×15段／
  ⑦23目×13.5段

編み方のポイント
1. **作り目をする**
   衿ぐりから鎖編みの作り目(→p.10参照)で88目を作ります。
2. **ヨークを編む**
   増し目の位置に注意しながらヨークを15段編みます。
3. **前後身頃の境にまちを作る** →p.25参照
   ヨークを身頃と袖に分け、前後身頃の間に糸をつけて鎖15目のまちを作ります。
4. **身頃を編む** →p.26参照
   ヨークの編み終わりから続けて、右前ヨーク→右まち→後ろヨーク→左まち→左前ヨークの順に目を拾って前後身頃を裾まで編みます。
5. **仕上げ**
   ⑥前端の指定の位置に糸をつけ、鎖編みでひもを編みます。／⑦ベストの上前の裏と下前の表にボタンをつけます(→p.21参照)。

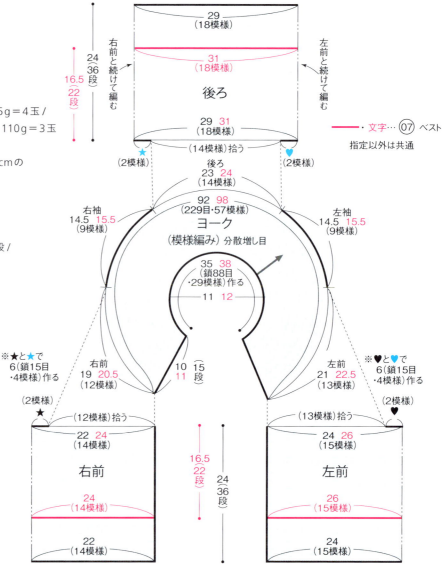

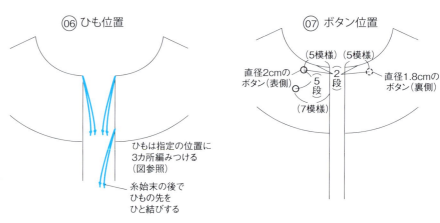

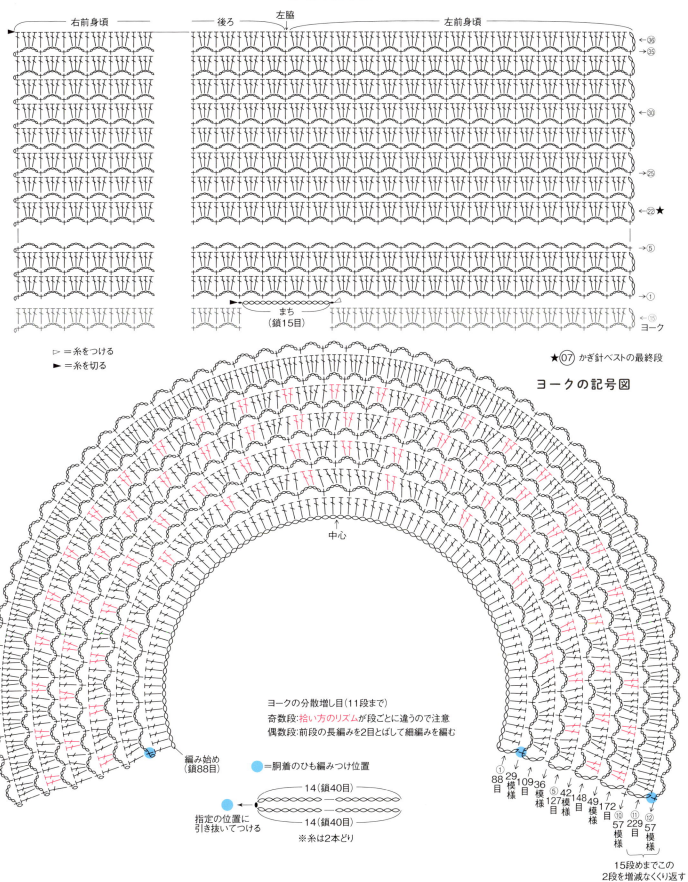

08 かぎ針カーディガン

使用糸　パピー ニュー4PLY
How to make　p.44

size

12～18カ月
18～24カ月

ボタンを3つだけつけた、ボレロ風カーディガン。脱ぎ着が楽で重ね着もしやすいので、ワードローブに加えておきたいアイテムです。肌馴染みのよい柔らかなナチュラルカラーは、男の子にも女の子にも似合います。衿ぐりから編み下がっているので、着丈、袖丈とも簡単にかえられます。お好きなサイズを見つけてください。

Baby Crochet & Knit | Cardigan

09 かぎ針カーディガン

使用糸　パピー ニュー4PLY
How to make　p.44

左ページのカーディガンをホワイト×ネイビーで、マリンストライプのカーディガンにアレンジ。アクセントの白いボタンは、2〜3歳くらいからは自分でとめる練習ができそうです。前立てでの糸かえは、糸の渡りを目立たないようにして、縁編みなしでもきれいに仕上がるように工夫しました。

size

12〜18カ月
18〜24カ月

かぎ針カーディガン
→ p.42〜43

用意するもの
- **糸** パピー ニュー4PLY ⑧ベージュ（452）155g=4玉／⑨ネイビー（421）75g、白（402）75g=各2玉
- **針** かぎ針4/0号
- **その他** ⑧直径1.8cmのボタン3個。⑨直径1.8cmのボタン5個
- **できあがりサイズ** 胸囲68cm、着丈29cm、ゆき丈34.5cm
- **ゲージ** 10cm平方で模様編み25目×15段

編み方のポイント
1. **作り目をする**
   衿ぐりから鎖編みの作り目（→p.10参照）で76目を作ります。
2. **ヨークを編む**
   増し目の位置に注意しながらヨークを17段編みます。
3. **前後身頃の境にまちを作る**→p.25参照
   ヨークを身頃と袖に分け、前後身頃の間に糸をつけて鎖23目のまちを作ります。
4. **身頃を編む**→p.26参照
   ヨークの編み終わりから続けて、右前ヨーク→右まち→後ろヨーク→左まち→左前ヨークの順に目を拾って前後身頃を裾まで編みます。
5. **袖を編む**→p.27参照
   まちの鎖目と袖ヨークから目を拾って袖を編みます。
6. **ボタンをつける**→p.21参照
   カーディガンの下前端にボタンをつけます。

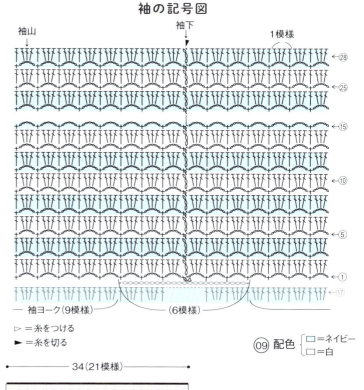

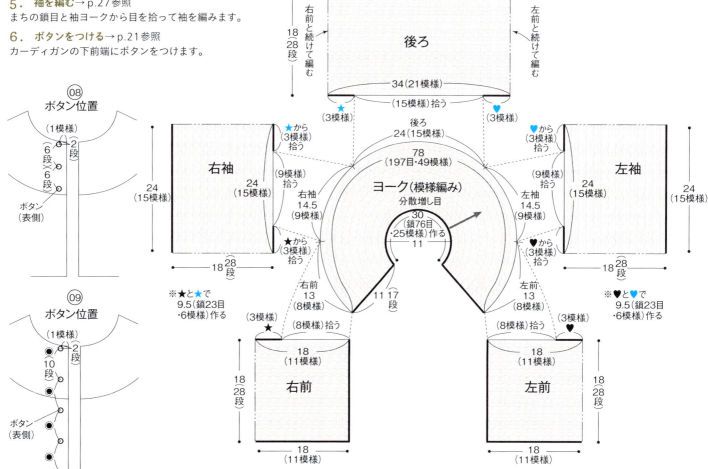

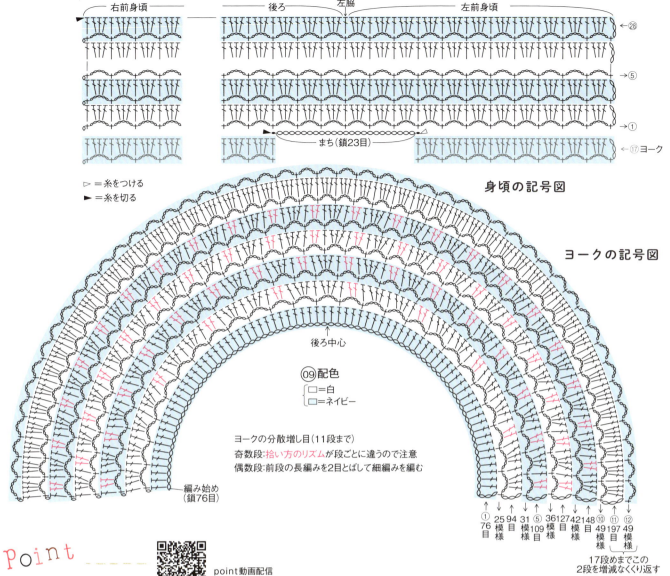

身頃の記号図

ヨークの記号図

⑨配色
□=白
■=ネイビー

ヨークの分散増し目（11段まで）
奇数段：拾い方のリズムが段ごとに違うので注意
偶数段：前段の長編みを2目とばして細編みを編む

17段めまでこの2段を増減なくくり返す

Point

● 縞の配色糸をかえる

point動画配信
http://www.tezukuritown.com/book/70438/

前立て（編み地の端）で配色糸をかえる

1 配色糸を向こうから手前へ針にかけて長編みの糸を引き出します。

2 長編みの最後の引き抜きで編んでいた糸を手前から向こうへかけ、配色糸で引き抜きます。配色糸がつきました。

3 端の長編みは縦に渡る配色糸を巻きこむように長編みを編んでいきます。

袖（輪編み）で配色糸をかえる

1 段の編み終わりです。長編みの最後の引き抜きで、編んでいた糸を針にかけて配色糸で引き抜きます。

2 配色糸がつきました。

3 編み地の裏側です。配色糸が縦に渡ります。

Baby Crochet & Knit | Vest

10 棒針ベスト

使用糸　ハマナカ ポーム《彩土染め》
How to make　p.68

size
0〜6カ月
6〜12カ月

着丈を短く仕立てたボレロタイプのベストは、袖口の広がりに合わせて裾も広げ、ふんわりかわいらしいシルエットを出しました。肩先がすっぽり隠れるフレンチスリーブは、肌寒い時にもぴったりです。着丈を長く編めば、もっと大きなお子さんにも対応できます。前あきで袖もないデザインは、脱ぎ着させやすくて動きやすい便利なアイテムです。

Baby Crochet & Knit | Cardigan

11 棒針カーディガン

使用糸　DARUMA 空気をまぜて糸にしたウールアルパカ
How to make　p.48

アルパカ混の柔らかい糸で、肌触りの気持ちよい、軽くて暖かなカーディガンです。ベースは杢糸にし、縁に紺をきかせてシャープな印象にしました。ニットカーディガンなら、大きくてかさばるアウターと違って持ち運びしやすく、ボタンをあければお昼寝のブランケットがわりにもなるので、とても重宝します。

size
6〜12カ月
12〜18カ月

11 棒針カーディガン
→ p.47

用意するもの

- 糸 DARUMA 空気をまぜて糸にしたウールアルパカ
  白×ネイビー杢(10)100g=4玉、ネイビー(9)
  10g=1玉
- 針 棒針5号 玉つき2本針、4本針(又は5本針、輪針)
- その他 直径1.8cmのボタン6個
- できあがりサイズ 胸囲55cm、着丈30cm、
  ゆき丈約31cm
- ゲージ 10cm平方で模様編み28目×31段

編み方のポイント

1. 作り目をする
指でかける作り目(→p.14参照)をし、67目作ります。針にかかる目が1段めです。

2. ヨークを編む→p.29～30参照
図を参照して1目ゴム編みで6段、続けて模様編みでヨークを34段編みます。端の目はすべり目にし、上前立てにはボタンホールを作ります。

3. 身頃を編む→p.35参照
ヨークを身頃と袖に分け、袖ヨークを休めておきます。前後身頃を続けて編みますが、1段めを編みながら前後身頃の間に巻き目でまちを作ります。ボタンホールの位置に注意しながら、前後身頃を裾まで編みます。裾は1目ゴム編みにし、編み終わりは前段の編み目に合わせて伏せ止め(→p.31参照)にします。

4. 袖を編む→p.36～37参照
袖はまちと休めておいた袖ヨークから目を拾って編みます。袖口は1目ゴム編みにし、編み終わりは前段の編み目に合わせて伏せ止めにします。

5. ボタンをつける→p.21参照
ボタンホールの位置に合わせて下前立てにボタンをつけます。

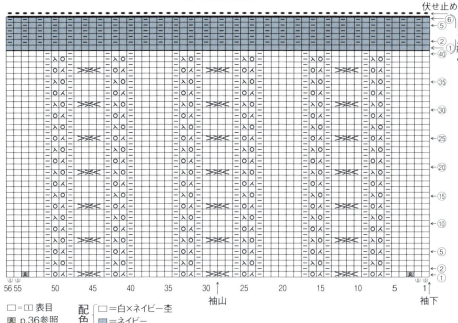

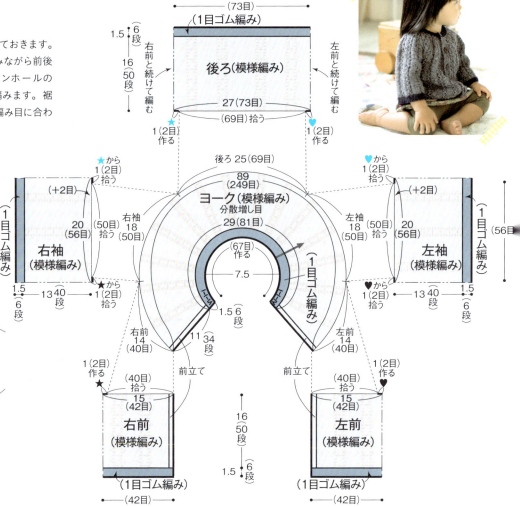

ヨークの記号図

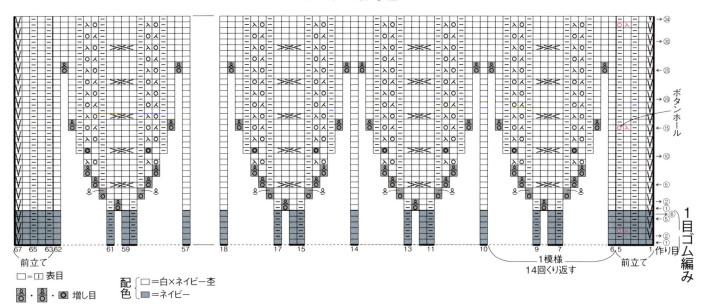

身頃の記号図

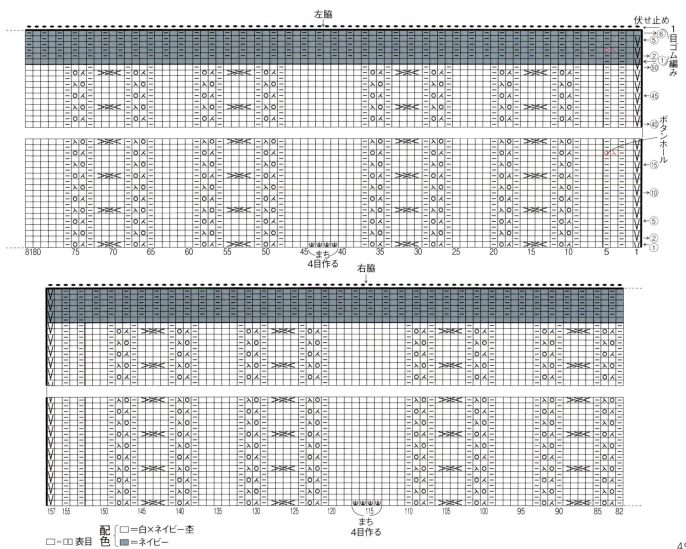

Baby Crochet & Knit | Jumper & Cap

12 ポケットつきジャンパースカート＆キャップ

使用糸　DARUMA シェットランドウール
How to make　ジャンパースカート　p.52／キャップ　p.70

size
6〜12カ月
12〜18カ月

小さなヨークに模様編みを入れ、脱ぎ着がしやすいよう後ろあきにしました。スカート部分はメリヤス編みで輪に編みますが、両脇に裏目を入れて増し目位置を分かりやすくします。ポケットは四角く編んだ模様編み地をざくざくと縫いつけます。お揃いのキャップは、かぶり口を折り返してボリューム感を出しました。

Baby Crochet & Knit | Jumper & Cap

13 ジャンパースカート＆ポンポンつきキャップ

使用糸　DARUMA シェットランドウール
How to make　ジャンパースカート　p.52／キャップ　p.70

左ページのジャンパースカートのスカート丈を長くして、少し大きいサイズのお子さん用にアレンジしました。前後差がないので、後ろあきを前にして着ても大丈夫、ボタンがよいアクセントになります。短い丈のままチュニックベストとして着てもいいですね。キャップはネイビーに赤をきかせて、単色で編むより子供らしくなります。

size
12〜18カ月
18〜24カ月

12 ポケットつきジャンパースカート → p.50
13 ジャンパースカート → p.51

用意するもの

糸　DARUMA シェットランドウール
⑫グレー(8)130g＝3玉 / ⑬ネイビー(5)135g＝3玉

針　棒針5、4号 玉つき2本針、5号4本針（又は5本針、輪針）

その他　直径1.8cmのボタン2個

できあがりサイズ

⑫胸囲72cm、着丈39.5cm、ゆき丈16.5cm
⑬胸囲72cm、着丈44.5cm、ゆき丈16.5cm

ゲージ　10cm平方でメリヤス編み20目×31段

編み方のポイント

1. 4号針で作り目をする。
2. 変わりゴム編みと模様編みでヨークを編む。
3. ヨークを輪にして身頃はメリヤス編み、袖口は1目ゴム編みで編む。
4. 袖口は伏せ止め、身頃はメリヤス編みで増し目をしながら袖ぐりを編む。
5. 前後スカートを輪に編む。
6. 後ろあきにボタンをつけ、ボタンホール（無理穴）を作る。
7. ポケットを編んでつける（お好みで）。

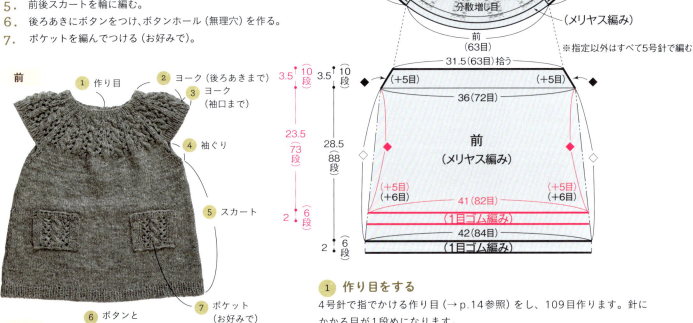

1　作り目をする

4号針で指でかける作り目（→p.14参照）をし、109目作ります。針にかかる目が1段めになります。

2　変わりゴム編みと模様編みでヨークを編む

図を参照し、4号針で変わりゴム編みを6段編みます。端の目（後ろあき）はすべり目にします（→p.29参照）。針を5号針にかえ、続けて模様編みを編みます。模様と模様の間にかけ目とねじり目の増し目（→p.30参照）をし、22段編みます。

ヨークの記号図

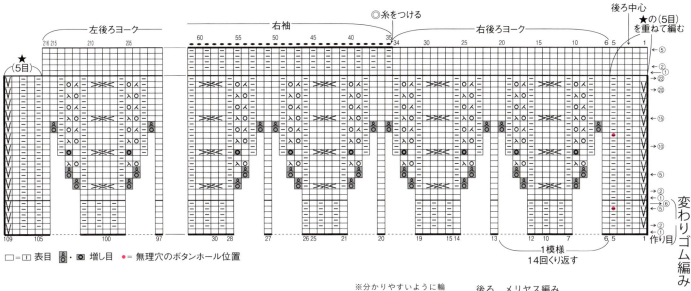

□=❘ 表目　　・◉ 増し目　　●= 無理穴のボタンホール位置

③ ヨークを輪に編む

ヨークを身頃と袖に分けます。後ろあきの5目を重ねてヨークを輪にし、身頃はメリヤス編み、袖口は1目ゴム編みで続けて編みます。

● 後ろあきを重ねて編む　※分かりやすいように糸の色をかえています

1　ベージュがヨーク22段めの編み終わりで、後ろあきの上側です。グレーの編み端の5目を別針に移します。

2　後ろあきの上側を手前に、下側を向こうへ重ねて持ち、一緒に針を入れて編みます。

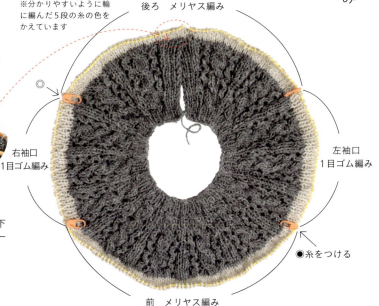

④ 前後を分けて袖ぐりを編む

袖口は伏せ止め、前後は記号図（→p.54）の位置で袖ぐりの増し目をしながらメリヤス編みで10段編みます。
袖ぐりの端目はすべり目、増し目はかけ目とねじり目で編みます（→p.30参照）。
●糸をつける→左袖口（45目）を伏せ止め→後ろを10段編む　　◎糸をつける→右袖口（45目）を伏せ止め→前を10段編む

● 左袖口を伏せ止め　※分かりやすいように糸の色をかえています　　● 後ろメリヤス編み1段め

1　●から糸をつけ、左袖口の1目ゴム編みを前段の編み目に合わせて伏せ止めにします（→p.31参照）。

2　袖口の45目めまでを伏せ止めにし、続けて後ろを編みます。

3　端3目編み、かけ目をします。

4　後ろが1段編めました。かけ目は次段でねじって編みます。2段めからは端目をすべり目にします。

5 スカートを輪に編む

後ろと前の端目を裏目の左上2目一度に編み、前後続けてスカートを輪に編みます。
2段め以降、スカートの両脇の目を裏目に編みます。脇の裏目を目印に、両サイドで増し目していきます。

● 後ろと前の端目を2目一度に編む　※分かりやすいように糸の色をかえています

1　右針の端目を左針に移します。

2　糸を手前にし、左針の2目に矢印のように針を入れて裏目を編みます。

3　裏目の左上2目一度が編めました。この目がスカート脇の目印になります。

4　続けてメリヤス編みで編み進め、反対脇も同様に編みます。

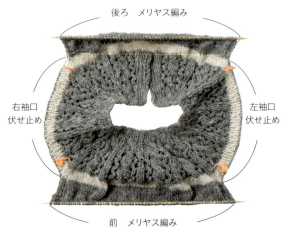

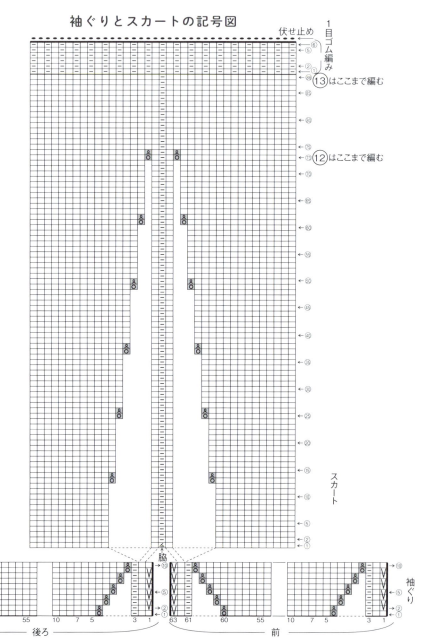

袖ぐりとスカートの記号図

□=□ 表目
増し目

6 後ろあきにボタンをつけ、ボタンホールを作る

左後ろあきにボタンをつけ、右後ろあきにボタンホールを作ります。
ボタンのつけ方→p.21参照
無理穴のボタンホール→p.31参照

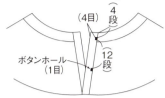

7 ポケットをつける

ポケットは入れ口側から指でかける作り目（→p.14参照）をし、右図を参照して2枚編みます。スチームアイロンで形を整えます。

● ポケットを縫いつける
※分かりやすいように糸の色をかえています

1. 前スカートのポケットつけ位置に印をつけ、ポケットをのせてまち針で固定します。
2. とじ針に編み糸を通して、ポケットの端1目内側をザクザク縫いとめます。

ポケットの記号図

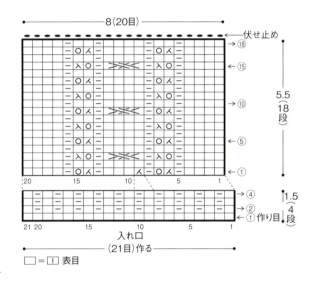

Point 12 13 棒針キャップの編み方ポイント
→ p.50～51

● トップの編み始め

1. 指でかける作り目（→p.14参照）で21目作ります。
2. 作り目を7目ずつ、3本の針に分けます。作り目がねじれないように注意します。
3. 4本めの針で編み始めの目に針を入れて2段めを編みます。
4. 記号図（→p.70）を参照して4本針で編み進めます。

● トップの目をしぼる
※分かりやすいように糸の色をかえています

1. とじ針に編み糸を通し、編み始めの作り目に1目ずつ針を入れます。
2. トップの目に2周針を入れ、糸を引きしめます。糸端は編み地の裏側で始末します（→p.31参照）。

Baby Crochet & Knit | Headband & Cap

14 ヘアバンド

使用糸 DARUMA スーパーウォッシュメリノ
How to make　p.57

a

b

c

15 かぎ針キャップ

使用糸 DARUMA スーパーウォッシュメリノ
How to make　p.71

a

b

size
6〜12カ月
12〜18カ月
18〜24カ月

1段めの編み始めと終わりを、半ひねりして続けて編むと…、ただ編むだけで編み地がねじれて編めるメビウス編みです。目数段数を増やして、ママとペアで作っても素敵です。

size
6〜12カ月
12〜18カ月
18〜24カ月

トップから輪の作り目をして、増し目をしながら編み進めていきます。いろいろな色で編んでおけば、コーディネートのアクセントとしてとても便利。プレゼントにもおすすめです。

14 ヘアバンド
→ p.56

用意するもの
糸　DARUMA スーパーウォッシュメリノ ⓐオフホワイト（1）15g/
　　ⓑブルー（4）10g、ネイビー（5）5g/
　　ⓒレッド（6）15g、オフホワイト（1）3g＝各1玉
針　かぎ針4/0号
できあがりサイズ　頭まわり44cm、幅5cm

編み方のポイント
1. **作り目をする**
鎖編みの作り目（→ p.10参照）で116目を作ります。編み初めの鎖の半目と裏山に針を入れて引き抜き、作り目を輪にします。

2. **本体を編む**
Pointを参照し、メビウス編みで模様編みを3段編みます。

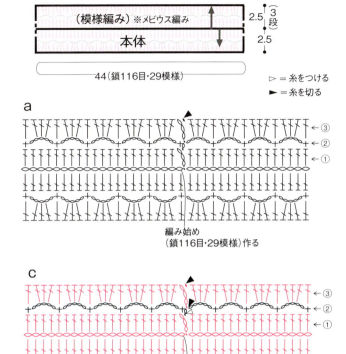

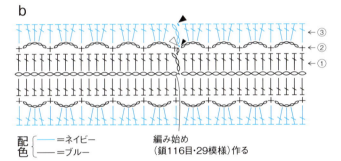

Point
● メビウス編み

point動画配信
http://www.tezukuritown.com/book/70438/

1 作り目の鎖を輪にし、鎖の裏山と半目を拾って長編みを編みます。最後の目まで編めたら編み始めの編み地を手前へ倒します。

2 糸をかけ、続けて作り目の鎖の残り1本に針を入れます。

3 編み地に作り目の糸端を沿わせ、糸を引き出して長編みを編みます。

4 作り目の反対側、鎖の残り1本を拾って編んでいきます。糸端は数目編みくるみ、糸始末します。

5 編み続けると編み始めに戻ります。ここまでが1段です。編み始めの立ち上がりの目に針を入れて引き抜きます。

6 配色のときは5の引き抜きで、編んでいた糸を針にかけて配色糸を引き抜きます。

7 2段めです。「細編み1目・鎖5目」をくり返して模様の続きを編みます。

8 メビウス編みで3段編めました。作り目を境に、編み地の上下から目を拾って1段と数えています。

Baby Crochet & Knit | Blanket

16 かぎ針おくるみ

使用糸 パピー ニュー4PLY
How to make p.66

size
0〜6カ月
6〜12カ月
12〜18カ月
18〜24カ月

四角いモチーフを必要枚数編み、最後にモチーフ同士を編みつないでおくるみにします。配色や大きさをかえたり、単色でモチーフを作って、つなぐ糸を違えるなど、いろいろなオリジナルアレンジを楽しんでください。赤ちゃんが成長したら、お昼寝の肌かけやプレイマット、ママのひざかけにも、ずっと長く使える便利なアイテムです。

Point 16 かぎ針おくるみの仕上げ

point動画配信
http://www.tezukuritown.com/book/70438/

● 準備

モチーフは全体をつなぐ前に、1枚1枚アイロンをかけておきます。15cm×15cmの四角に合わせて編み地にピンを打ち、スチームアイロンで蒸気を当てて形を整えます。

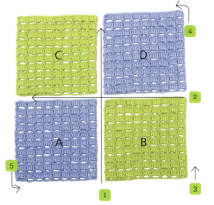

モチーフは編み方向を揃えてつなぎます

● は束（そく）、● は目を割って針を入れる
※分かりやすいように糸の色をかえています

1 段をつなぐ

1 作り目の1目めの鎖に針を入れて糸をつけます。鎖1目編み、Bの作り目の鎖に針を入れて引き抜きます。

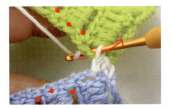

2 鎖1目編み、端目の足を束に拾い「引き抜き1目・鎖1目」で編みつないでいきます。

3 Cの細編みの足も束に拾って引き抜きます。

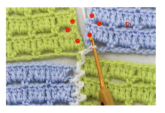

4 Dも同様に束に拾ってつなぎます。

2 目をつなぐ

1 Bの立ち上がりの鎖の3目めに糸をつけます。鎖1目編み、Dは作り目の鎖の残り2本を拾います。

2 編み終わり側（B）は長編みの頭、編み始め側（D）は作り目の鎖を拾って「引き抜き1目・鎖1目」でつなぎます。

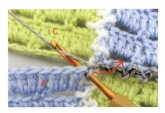

3 4枚がつながるところです。Aの立ち上がりの鎖の3目めに針を入れて引き抜きます。

4 4枚がつながりました。モチーフとモチーフをつなぐジグザグのステッチがアクセントになります。

● 縁編み

3 段から拾う

1 作り目の端目に糸をつけ、立ち上がりの鎖1目と細編み1目、鎖5目を編みます。同じ目に細編みを編み入れます。

2 鎖5目編み、端目を束に拾って「細編み1目・鎖5目」をくり返します。

4 編み終わり側から拾う

3 角の目は細編みを2回編み入れます。長編みの頭を拾って「細編み1目・鎖5目」をくり返します。

5 編み始めの作り目から拾う

4 角の目は細編みを2回編み入れます。鎖からは束に、細編みからは作り目の鎖の残り2本を拾います。

Baby Crochet & Knit | Booties

17 棒針ブーティ

使用糸　DARUMA 空気をまぜて糸にしたウールアルパカ
How to make　p.61

size
6〜12カ月
12〜18カ月

歩き始める前の赤ちゃんのために、くつ下感覚ではけるベビーブーティはいかがでしょう。ほんの短い期間しか使えず、あまり実用的ではありませんが、そのコロンと小さなかたちを見ているだけで、思わず「かわいい！」と言いたくなります。ヨーロッパではベビーシューズを玄関に飾ると、幸運が訪れると言われているそうです。お誕生、成長の記念に、ぜひ作ってみてください。

17 棒針ブーティ
→ p.60

用意するもの
- **糸** DARUMA 空気をまぜて糸にしたウールアルパカ
  ベージュ（2）/カーキ（4）各15g＝各1玉
- **針** 棒針5号 5本針（又は4本針）
- **できあがりサイズ** 足のサイズ11.5cm
- **ゲージ** 10cm平方でガーター編み23目×42段

編み方のポイント

1. 作り目をする
底のかかとから指でかける作り目（→p.14参照）で4目を作ります。

2. 底を編む
記号図を参照し、ガーター編みで底を編みます。増し目は端1目内側でかけ目とねじり目（→p.30参照）、減目は端1目内側で2目一度（→p.16参照）にします。編み終わりは伏せ止めにします。

3. 側面を輪に編む
かかと（★）に糸をつけ、底から拾い目（Point参照）をします。つま先のセンターで右上2目交差（→p.17参照）をし、その両サイドで2目一度をして14段まで編みます。

4. はき口を編む
側面に続けて1目ゴム編み32目を10段編み、編み終わりは前段の編み目に合わせて伏せ止めにします（→p.31参照）。

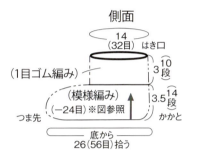

底の記号図

側面の記号図

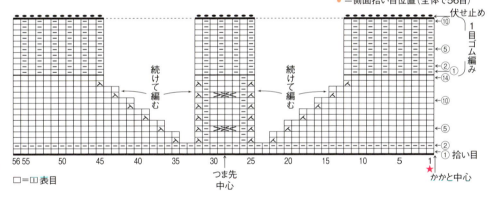

Point

● 底からの拾い目　※分かりやすいように糸の色をかえています

1 ガーター編みで底が編めました。糸を切ります。

2 かかと中心に針を入れ、側面を編む糸をつけます。

3 段からは端1目内側に針を入れて目を拾います。

4 側面の目が拾えました。写真では短めの5本針を使用しています。針にかかる目が側面の1段めです。

point 18 ベビーシューズの編み方

point動画配信
http://www.tezukuritown.com/book/70438/

つま先～甲・底
はき口
側面・底
かかと

※分かりやすいように糸の色をかえています

1 つま先～甲・底：輪編み

1 つま先で輪の作り目をし、長編みを12目編み入れます。

2 記号図を参照して9段編み、糸を切ります。マーカーは甲の中心（★）です。

2 側面・底：往復編み

3 シューズの内側から針を入れ、甲の中心（★）に糸をつけます。

4 模様の続きを編みます。1段めは「細編み1目・鎖3目」をくり返します。

5 2段めは編み地を表に返して長編みで編みます。

6 6段めから底の中心で減目をしていきます。9段めまで編めました。

3 はき口：輪編み

7 側面の編み終わりから続けてはき口を編みます。2で編んだ側面に引き抜きます。

8 鎖1目で立ち上がり、細編みの足を束（そく）に拾って細編みを編みます。

9 「鎖5目・細編み1目」をくり返し、はき口が1段編めました。細編みは側面の細編みの足を束に拾っています。

10 2段めは「（前段の鎖を束に拾って）細編み5目・（前段の細編みに）引き抜き1目」をくり返します。

4 かかと

11 はき口が2段編めました。続けて、側面の最終段を底で折って合わせ、シューズの内側からとじていきます。

12 鎖を1目編み、側面の最終段の鎖を束に拾って引き抜き編みをします。

13 「鎖3目・引き抜き1目」を2回、鎖1目を編み、かかと中央の鎖に引き抜きます。

14 かかとができました。糸端は編み地の裏側で始末します（→p.31参照）。

18 ベビーシューズとミトン
→ p.64

用意するもの
- 糸　DARUMA スーパーウォッシュメリノ　オフホワイト（1）[シューズ]20g＝1玉／[ミトン]20g＝1玉
- 針　かぎ針4/0号
- その他　[ミトン]カタンゴム16cm×2本
- できあがりサイズ　[シューズ]足のサイズ10cm/[ミトン]手の平まわり14cm
- ゲージ　10cm平方で模様編み（シューズ）24目×14.5段、長編み23目×11段

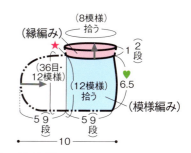

編み方のポイント
[シューズ]p.62のPointを参照して編みます。
[ミトン]

1．作り目をする
糸端で作る輪の作り目（→p.74参照）をします。

2．指先〜手首
図を参照して増し目をしながら長編みで編み進めます。

3．入れ口
入れ口は模様編みで4段編みます。

4．仕上げ
ミトンの裏側から、図の位置にカタンゴムを通します。

ベビーシューズの記号図

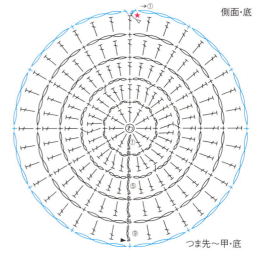

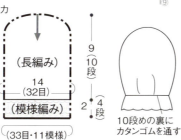

ミトンの記号図

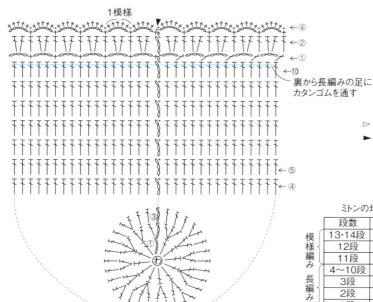

▷＝糸をつける
▶＝糸を切る

ミトンの増し目

	段数	目数	
模様編み	13・14段	11模様	
	12段	33目	
	11段	11模様	
	4〜10段	32目	増減なし
長編み	3段	32目	（+4目）
	2段	28目	（+16目）
	1段	12目	

つま先〜甲・底の増し目

段数	目数	
5・7・9段	36目	増減なし
4・6・8段	12模様	
3段	30目	
2段	12模様	
1段	12目	

Baby Crochet & Knit | Bonnet & Mittens & Shoes

18 かぎ針3点セット
（ボンネット、ミトン、シューズ）

使用糸　DARUMA スーパーウォッシュメリノ
How to make　シューズ・ミトン　p.63／ボンネット　p.65

size
0〜6カ月

ベビーシューズ、ボンネット、ミトン、どれも生まれたての赤ちゃんのためにある、ほんの一時のお楽しみです。編み模様が同じなので、ケープやドレスのセットとしても作ってあげられます。これから生まれてくる赤ちゃんへ、はじめての贈り物にいかがでしょう。とじはぎなしで仕上がるので、赤ちゃんにもやさしいです。

18 ボンネット
→ p.64

用意するもの
糸 DARUMA スーパーウォッシュメリノ
オフホワイト (1) 40g = 1玉

針 かぎ針4/0号

その他 直径1.8cmのボタン1個
できあがりサイズ 図参照
ゲージ 10cm平方で模様編み
23.5目×14段

編み方のポイント

1. 作り目をする
後ろから鎖編みの作り目 (→p.10参照) で13目を作ります。

2. 後ろを編む
図を参照し、両脇で増し目をしながら15段編み、糸を切ります。

3. トップを編む
作り目の編み始めの鎖に糸をつけ、段の長編みを束に拾って左を7模様→2の編み終わりに続けて7模様→段の長編みを束に拾って右を7模様編みます。増減なく22段編みますが、20段めの編み終わりに続けてベルトを編みます。

4. ボタンをつける →p.21参照
図の指定の位置にボタンをつけます。

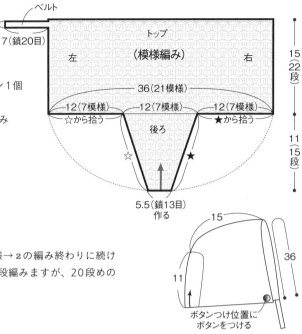

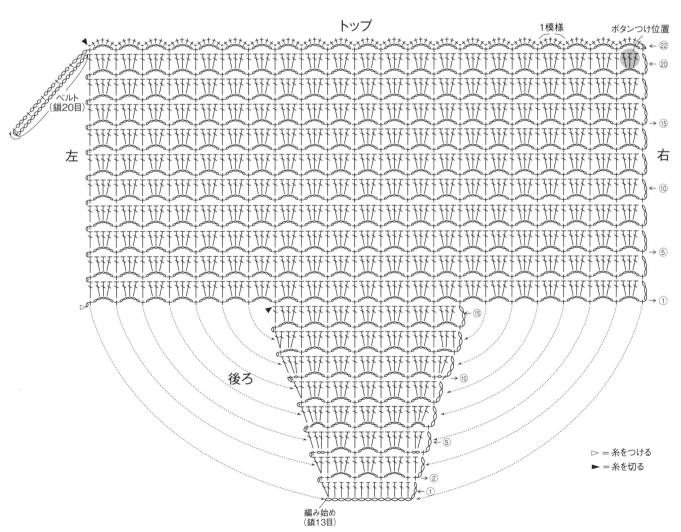

16 かぎ針おくるみ
→ p.58

用意するもの
- 糸　パピー ニュー4PLY　黄緑（472）145g＝4玉、ブルー（405）135g＝4玉、白（402）30g＝1玉
- 針　かぎ針4/0号
- **できあがりサイズ**　79cm×79cm
- **モチーフの大きさ**　15cm×15cm

編み方のポイント

1．モチーフを編む
鎖編みの作り目（→p.10参照）で37目を作ります。鎖の裏山を拾って編み始め、基本の模様で20段編みます。黄緑を13枚、ブルーを12枚編み、それぞれ糸始末（→p.21参照）をします。

2．モチーフをつなぐ→p.59参照
モチーフはスチームアイロンを当てて指定の大きさに整えて並べ、☆から編みつなぎます。次に★を編みつなぎます。

3．縁編みをする→p.59参照
つないだモチーフのまわりに縁編みを1段編みつけます。

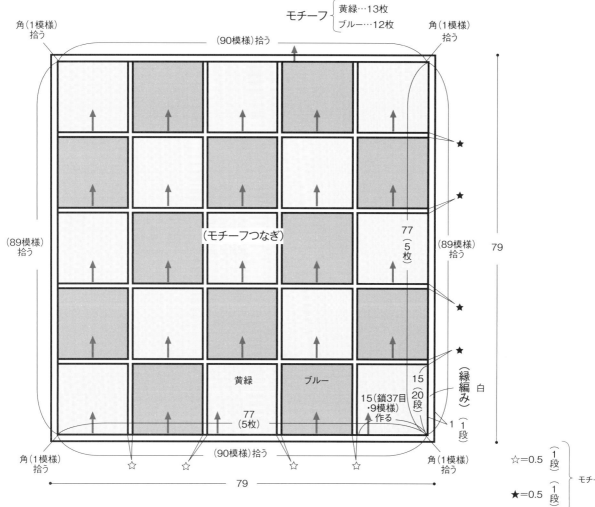

おくるみの記号図

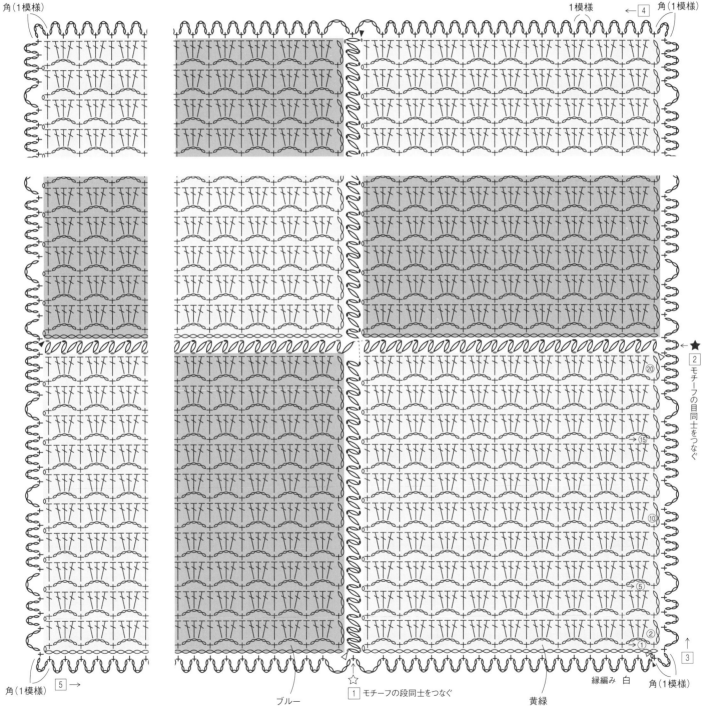

10 棒針ベスト
→ p.46

用意するもの
- **糸** ハマナカ ポーム《彩土染め》 ピンク(44) 90g＝4玉
- **針** 棒針4、5号 玉つき2本針、5号4本針(又は5本針、輪針)
- **その他** 直径1.8cmのボタン1個
- **できあがりサイズ** 胸囲58cm、着丈24cm、ゆき丈19cm
- **ゲージ** 10cm平方で模様編み26.5目×28段

編み方のポイント

1. 作り目をする
4号針で指でかける作り目(→p.14参照)をし、67目作ります。針にかかる目が1段です。

2. ヨークを編む →p.29、30参照
針を5号針にかえます。図を参照して1目ゴム編みで4段、続けて模様編みでヨークを34段編みます。端の目はすべり目にし、上前立てにはボタンホールを作ります。

3. 身頃を編む →p.35参照
ヨークを身頃と袖に分け、袖ヨークを休めておきます。前後身頃を続けて編みますが、身頃の1段めを編みながら前後の間に巻き目でまちを作ります。裾は1目ゴム編みにし、編み終わりは前段の編み目に合わせて伏せ止め(→p.31参照)にします。

4. 袖口を編む →p.36〜37参照
袖口はまちと休めておいた袖ヨークから目を拾い、1目ゴム編みで編みます。編み終わりは前段の編み目に合わせて伏せ止めにします。

5. ボタンをつける →p.21参照
ボタンホールの位置に合わせて下前立てにボタンをつけます。

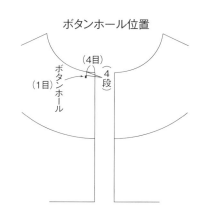

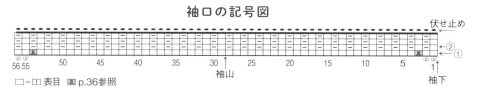

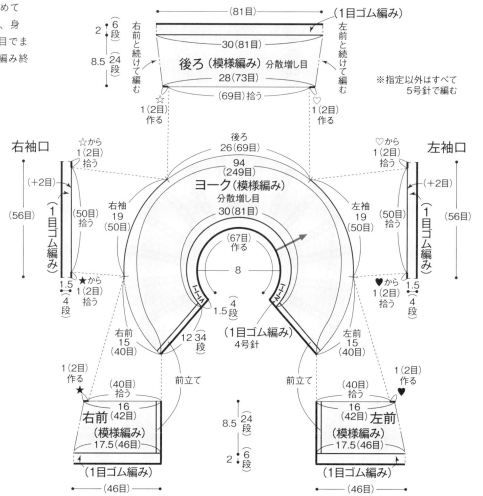

ヨークの記号図

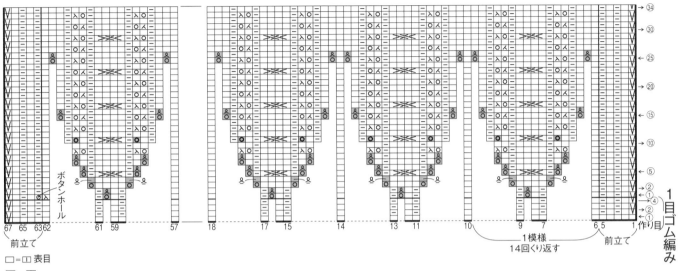

□=□ 表目

 増し目

身頃の記号図

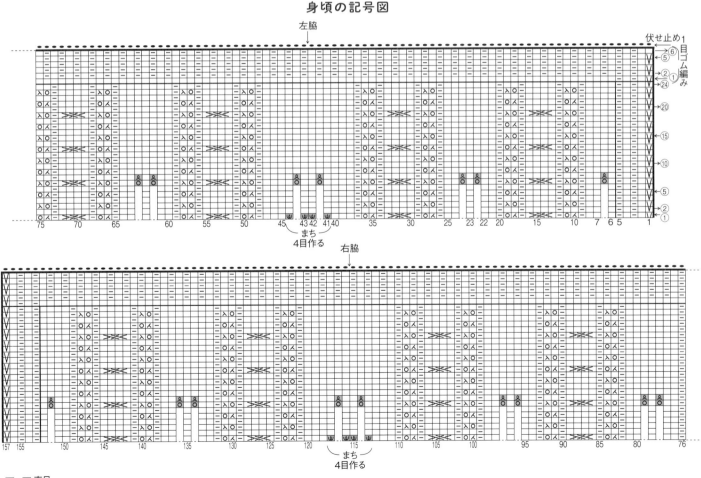

□=□ 表目

増し目

棒針キャップ
→ p.50, 51

用意するもの

- 糸 DARUMA シェットランドウール ⑫グレー(8)45g＝1玉／
  ⑬ネイビー(5)25g、赤(10)5g＝各1玉
- 針 棒針5号4本針(又は5本針)
  ⑬のゴム編みのみ棒針3号4本針(又は5本針)を使用
- できあがりサイズ ⑫頭まわり45cm、深さ16.5cm／
  ⑬頭まわり45cm、深さ15.5cm

編み方のポイント

1. **作り目を輪にする**→p.55参照
5号針で指でかける作り目(→p.14参照)をします。21目作り、4本(5本)針に移します。針にかかる目がトップの1段めです。

2. **トップ～かぶり口まで編む**
図を参照してトップの増し目をしながら、模様編みで40段編みます。続けてかぶり口を⑫2目ゴム編み／⑬1目ゴム編み(3号針)で編みます。編み終わりは前段の編み目に合わせて伏せ止め(→p.31、37参照)にします。

3. **仕上げ**
トップの作り目をしぼります(→p.55参照)。⑬は赤でポンポンを作り、トップにつけます。

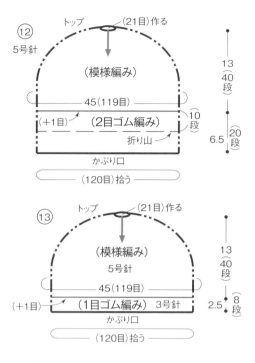

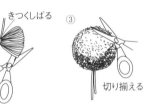
ポンポンの作り方

キャップの記号図

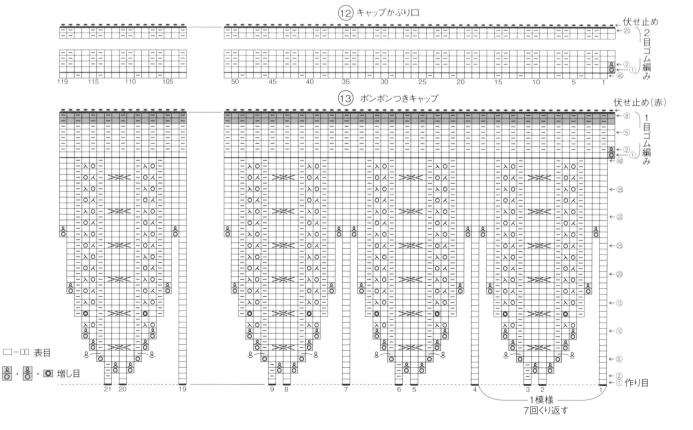

15 かぎ針キャップ
→ p.56

用意するもの
- **糸** DARUMA スーパーウォッシュメリノ
  ⓐ黄緑（2）/ⓑグレー（8）各45g＝各1玉
- **針** かぎ針4/0号
- **できあがりサイズ** 頭まわり42cm、深さ14cm

編み方のポイント
1. **作り目をする**
帽子のトップから糸端で作る輪の作り目（→p.74参照）をします。
2. **トップ～かぶり口まで編む**
図を参照してトップの増し目をしながら、模様編みで23段まで編みます。続けて長編みで増減なく5段編みます。

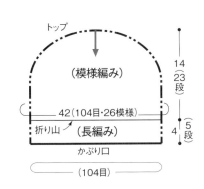

段数	目数	
23段	104目	増減なし
22段	26模様	
21段	104目	
20段	26模様	
19段	104目	
18段	26模様	
17段	104目	
16段	26模様	
15段	104目	
14段	26模様	
13段	104目	
12段	26模様	
11段	104目	
10段	26模様	
9段	104目	
8段	26模様	
7段	78目	
6段	21模様	
5段	64目	
4段	16模様	
3段	32目	
2段	8模様	
1段	16目	

トップの増し目

キャップの記号図

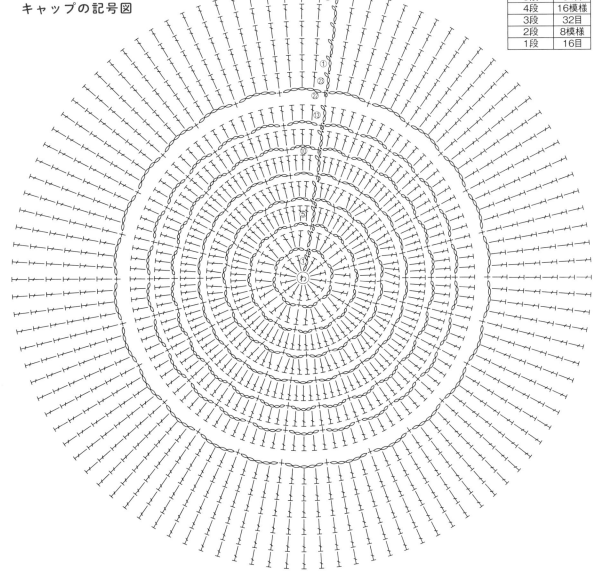

05 棒針ベビードレス
→ p.32

編み方のポイントはp.35参照

身頃の記号図

右脇

□=□ 表目　　 増し目

前立て　　　　　　　　　右前　　　　　　　　　まち4目作る　　　　後ろ

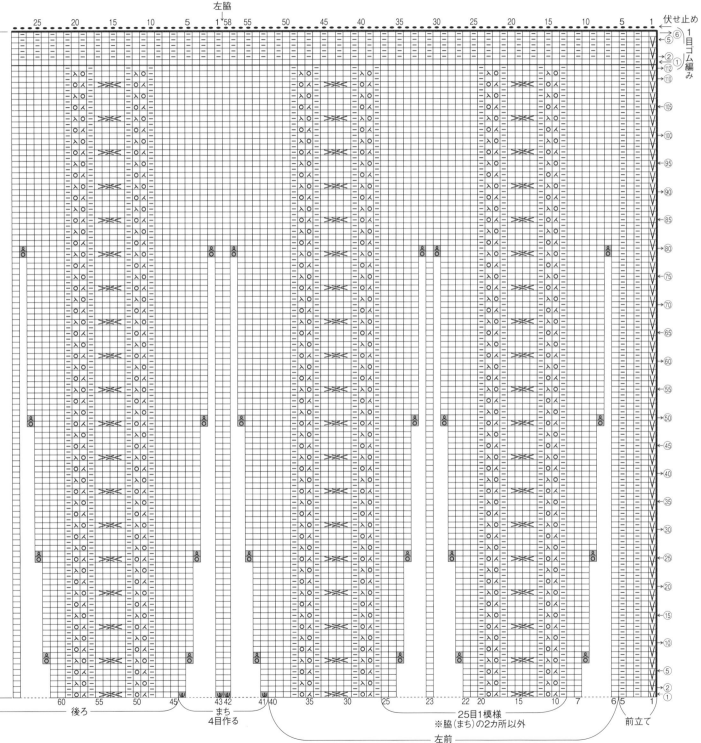

編み目記号と編み方　かぎ針編み

鎖編み

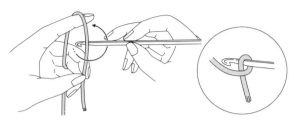 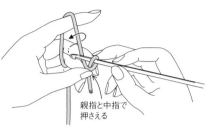 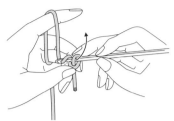

1　かぎ針を糸の向こうに当て、矢印のように回して針先に糸を巻きつけます。

2　糸の交点を親指と中指で押さえてループを作り、針先に糸をかけます。

3　かけた糸をループの中から引き出します。

4　糸端を引きしめて鎖の最初の目ができました。この目は1目と数えません。

5　矢印のように糸をかけます。

6　針にかかるループの中から糸を引き出します。

7　鎖の1目めが編めました。5・6をくり返して必要な目数の鎖を編みます。

糸端で作る輪の作り目（1段め細編みを編む）

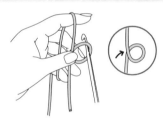  

1　鎖編みの1のように針先に糸をかけ輪を作ります。

2　輪の交点を押さえてループの中から糸を引き出します。

3　さらに糸をかけて引き抜きます。

4　輪の作り目に編み始めの目ができました。この目は1目と数えません。

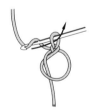 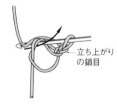 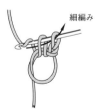  

5　糸をかけて引き出し、立ち上がりの鎖1目を編みます。

6　輪の中に針を入れて糸を引き出します。

7　さらに糸をかけ、針にかかる2ループを引き抜いて細編みを編みます。

8　細編みが6目編めました。糸端を引きしめて輪を縮めます。

9　編み始めの細編みに引き抜いて、編み始めと終わりをつなぎます。

鎖編みの作り目を輪にする

1　必要目数の鎖を編みます。

2　鎖がねじれないようにします。1目めの鎖の裏山にかぎ針を入れ、糸を引き抜いて鎖を輪にします。

引き抜き編み ●

1 前段の編み目の頭にかぎ針を入れます。

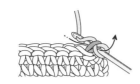
2 糸をかけて矢印のように引き抜きます。

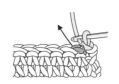
3 隣の目に針を入れて糸を引き抜いていきます。

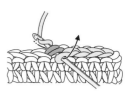
4 3をくり返します。

細編み ✕

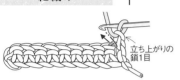
1 前段の編み目の頭にかぎ針を入れます。

2 針に糸をかけて引き出します。

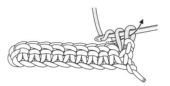
3 針先に糸をかけ、かぎ針にかかる2ループを一度に引き抜きます。

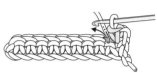
4 細編みが編めました。1〜3をくり返します。

長編み ┬

1 かぎ針に糸をかけ、前段の編み目の頭に針を入れます。

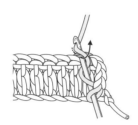
2 針に糸をかけて矢印のように引き出します。

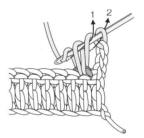
3 針先に糸をかけ、かぎ針にかかるループを2ループずつ矢印の順に引き抜きます。

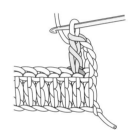
4 長編みが編めました。1〜3をくり返します。

長編み2目一度 ∧ ／ 長編み3目一度 ∧

1 未完成の長編みを1目編み、かぎ針に糸をかけて隣の目に針を入れます。

2 2目の未完成の長編みを編み、さらに糸をかけて針にかかる3ループを一度に引き抜きます。

3 長編み2目一度が編めました。

1 未完成の長編みを3目編み、針にかかる4ループを一度に引き抜きます。

2 長編み3目一度が編めました。

細編み3目一度 ∧

1 前段の編み目にかぎ針を入れ、糸を引き出します（未完成の細編み）。

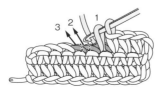
2 1と同様に2、3の矢印の順に針を入れて糸を引き出します。

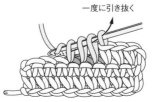
3 糸をかけ、かぎ針にかかる4ループを一度に引き抜きます。

4 細編み3目一度が編めました。

編み目記号と編み方

指でかける作り目

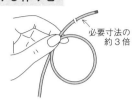

1 糸端は必要寸法の約3倍を残します。輪を作って交点を押さえます。

2 輪の中から糸端側の糸を引き出します。

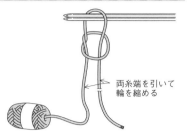

3 引き出した輪の中に棒針を2本入れ、輪を縮めます。

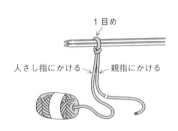

4 1目めが針にかかりました。糸端側を親指に、糸玉側を人差し指にかけます。

5 針先を矢印の順に動かして針に糸をかけていきます。

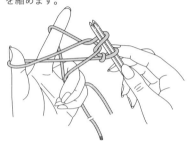

6 2目めが針先にかかりました。親指にかかる糸を外します。

7 親指を矢印のように入れます。

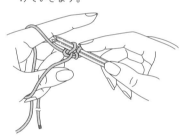

8 親指を引いて針先の目を引きしめます。2目めができました。5〜8をくり返します。

9 必要目数を作ったら、棒針を1本抜き取ります。針にかかる目が1段めになります。

輪編みにする

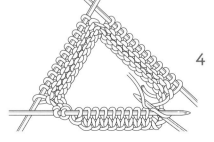

1 針の端に玉のついていない4本（5本）針を使用します。必要目数を作り、目数を3等分にします。

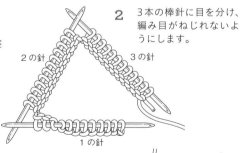

2 3本の棒針に目を分け、編み目がねじれないようにします。

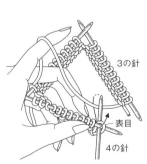

3 編み糸を指にかけ、4本めの針を1の針の目に入れて編み始めます。

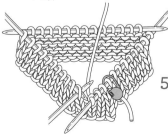

4 2段めが輪に編めました。3段め以降も同様に編みますが、針と針の境目が広がらないよう、針にかかる目数をずらして編みます。

5 編み始めと終わりの境目がわからなくならないよう、マーカーをつけましょう。

76

表目

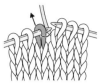 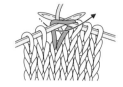 

1 編み糸を左針の向こう側にし、目の手前から右針を入れます。
2 針先に糸をかけて矢印のように引き出します。
3 表目が編めました。

かけ目

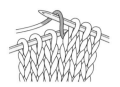 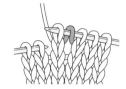

1 右針に手前から向こう側へ編み糸をかけます。
2 かけ目が編めました。次の目を編むと安定します。

裏目

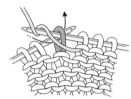 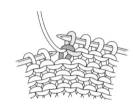

1 編み糸を左針の手前にし、目の向こう側から右針を入れます。
2 針先に糸をかけて矢印のように引き出します。
3 裏目が編めました。

ねじり目

1 目の向こう側から矢印のように右針を入れます。
2 針先に糸をかけて引き出します。前段の目がねじれて編めました。

裏目のねじり目

1 糸を手前にし、矢印のように右針を入れます。
2 糸をかけて矢印のように引き出します。
3 裏目のねじり目になります。
4 編み目の裏側はねじり目になります。

右上2目交差

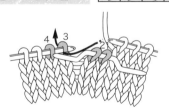 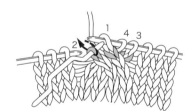 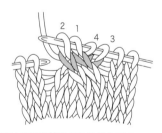

1 1、2の目をなわ編み針に移して、手前側に休めます。
2 先に3、4の目を表目で編んでから、1、2の目を表目で編みます。
3 右上2目交差のできあがりです。

巻き増し目

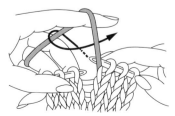   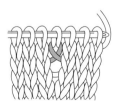

1 人差し指にかかる糸に、矢印のように針を入れます。
2 指をはずします。
3 続けて、次の目を編みます。
4 目と目の間に巻き増し目が1目できました。

右上2目一度

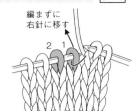  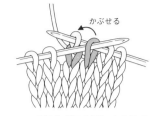 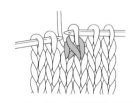

1 矢印のように針を入れて編まずに1の目を移します。
2 2の目を編みます。
3 2で編んだ2の目に1の目をかぶせます。
4 右上2目一度が編めました。

左上2目一度

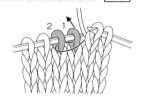 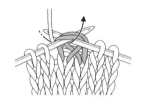 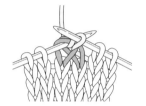 

1 矢印のように2、1の順に右針を入れます。
2 糸をかけて引き出します。
3 左針をはずします。
4 左上2目一度が編めました。

裏目の左上2目一度

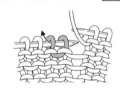 

1 2目一緒に矢印のように針を入れて裏目を編みます。
2 裏目の左上2目一度が編めました。

すべり目（表目）

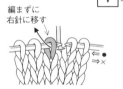 

1 糸を向こう側にし、矢印のように針を入れて編まずに目を右針へ移します。
2 すべり目が編めました。

左上2目一度とかけ目

 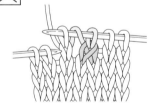

1 左上2目一度で2目を1目にし、かけ目をします。
2 左上2目一度とかけ目の組み合わせです。

かけ目と右上2目一度

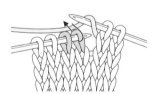 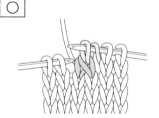

1 かけ目をし、次の2目を右上2目一度にします。
2 かけ目と右上2目一度の組み合わせです。

1目のボタンホール（1目ゴム編み）

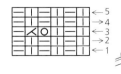   

1 裏目の手前でかけ目をし、次の2目を左上2目一度で編みます。
2 かけ目と左上2目一度が編めました。
3 前段の2目一度は裏目、かけ目は表目で編みます。
4 表側からみたできあがりです。

伏せ目

● メリヤス編み

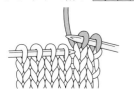 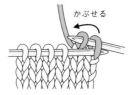 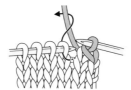

1 端の2目を表目で編みます。
2 1目めを2目めにかぶせます。
3 次の表目を編んだら、先に編んだ目をかぶせます。これをくり返します。

● 裏メリヤス編み

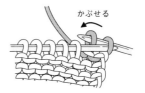 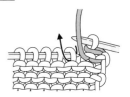

1 端の2目を裏目で編み、1目めを2目めにかぶせます。
2 次の裏目を編んだら、先に編んだ目をかぶせます。これをくり返します。

● 1目ゴム編み

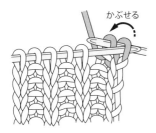  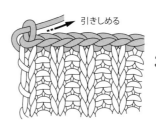

1 前段の目に合わせて端の2目を表目、裏目と編み、1目めを2目めにかぶせます。
2 次の目を表目で編み、先に編んだ目をかぶせます。
3 前段の目に合わせて次の目を編み、先に編んだ目をかぶせます。これをくり返します。

編み途中で糸をかえる

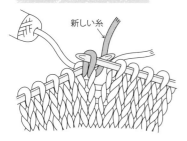 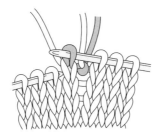 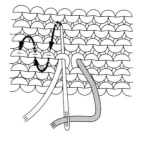 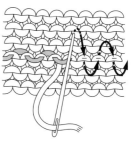

1 今まで編んでいた糸は裏にたらして休め、新しい糸で編み始めます。
2 糸端は裏で仮に軽く結んでおきます。
3 仮に結んでおいた糸をほどき、右の糸は左の編み目を割ってくぐらせます。
4 左の糸は右の編み目を割ってくぐらせて始末します。

● 違う糸で編みたいときの糸選びのポイント

糸を選ぶ際に注意するのは、適合針と糸の重さと糸長です。編みたい作品の使用糸と比べて、この2点が似たものを選べば失敗が少ないです。糸の特性によっては、同じくらいの太さでも針の号数がまったく違うこともありますので、見た目で判断せず、必ずラベルで確認してください。どの糸を選んでも実際に編み始める前には、必ず試し編みをしてゲージをとりましょう。何枚も編んで慣れてきたら、いろいろアレンジしてみるのも楽しいですね。

profile
河合真弓

ヴォーグ編物指導者養成校卒業後、とびないえいこ主宰「工房とびない」のアシスタントを経て独立。編み物スタイルブックをはじめ、手作り雑誌、各糸メーカーにてさまざまな手編み作品を発表するなど、幅広く活躍中。著書『編んでみたいな、アイリッシュ・クロッシェレース』（小社刊）、『愛蔵版 モチーフつなぎ50』（主婦の友社）など著書多数。

[製作協力]
関谷幸子　合田フサ子　沖田喜美子　栗原由美

● Staff
撮影／白井由香里　本間伸彦（プロセス）
スタイリング／浦神ミユキ
ブックデザイン／金沢ありさ
編集協力／中村洋子（feve et feve）　大前かおり
編集担当／鈴木博子

● 撮影協力
Hakka baby(HAKKA)：株式会社ファッション須賀
東京都渋谷区渋谷 3-5-5HAKKAビル　TEL.03-3498-0701

Wafflish waffle
東京都渋谷区神宮前 5-18-10　エクサスペース1-A　TEL.03-3409-6070

AWABEES
東京都渋谷区千駄ヶ谷 3-50-11 明星ビルディング5F　TEL.03-5786-1600

UTUWA
東京都渋谷区千駄ヶ谷 3-50-11 明星ビルディング1F　TEL.03-6447-0070

● 素材協力
DARUMA スーパーウォッシュメリノ　シェットランドウール
空気をまぜて糸にしたウールアルパカ
横田株式会社・DARUMA
大阪市中央区南久宝寺町 2-5-14　TEL.06-6251-2183
http://www.daruma-ito.co.jp/

ハマナカ ボーム《彩土染め》
ハマナカ株式会社
京都府京都市右京区花園薮ノ下町2番地の3　TEL.075-463-5151
http://www.hamanaka.co.jp/

パピー ニュー4PLY　ピマベーシック
株式会社ダイドーインターナショナル パピー事業部
東京都千代田区外神田 3-1-16 ダイドーリミテッドビル3F　TEL.03-3257-7135
http://www.puppyarn.com/

とじ・はぎなし
かんたんかわいいベビーのニット

発行日／2017年12月1日
発行人／瀬戸信昭　編集人／今ひろ子
発行所／株式会社日本ヴォーグ社
〒164-8705　東京都中野区弥生町 5-6-11
電話／販売 03-3383-0628　編集 03-3383-0637
振替／00170-4-9877
出版受注センター／TEL.03-3383-0650　FAX.03-3383-0680
印刷所／大日本印刷株式会社
Printed in japan　©Mayumi Kawai 2017
ISBN978-4-529-05736-3
C5077

あなたに感謝しております　— We are grateful. —

手づくりの大好きなあなたが、
この本をお選びくださいましてありがとうございます。
内容はいかがでしたでしょうか？
本書が少しでもお役に立てば、こんなにうれしいことはありません。
日本ヴォーグ社では、手づくりを愛する方とのおつき合いを大切にし、
ご要望におこたえする商品、サービスの実現を常に目標としています。
小社及び出版物について、
何かお気付きの点やご意見がございましたら、何なりとお申し出ください。
そういうあなたに私共は常に感謝しております。

株式会社日本ヴォーグ社社長　瀬戸信昭
FAX.03-3383-0602

日本ヴォーグ社関連情報はこちら
（出版、通信販売、通信講座、スクール・レッスン）

http://www.tezukuritown.com/　手づくりタウン　検索

＊万一、落丁本、乱丁本がありましたら、小社販売部までご連絡ください。
＊印刷物のため、実際の色とは色調が異なる場合があります。
＊本書の複写にかかる複製、上映、譲渡、公衆送信（送信可能化を含む）の各権利は株式会社日本ヴォーグ社が管理の委託を受けています。

JCOPY ＜（社）出版者著作権管理機構 委託出版物＞
本書の無断複写は著作権法上での例外を除き禁じられています。
複写される場合は、そのつど事前に、（社）出版者著作権管理機構
（電話 03-3513-6969、FAX 03-3513-6979、e-mail: info@jcopy.or.jp）の
許諾を得てください。